최진기와 함께 읽는
21세기 자본

최진기 지음

최진기와 함께 읽는
21세기 자본

최진기의 인문 마이크로북 2

휴먼큐브

자본의 최선은 무엇일까?

'자본'을 다시 생각해봅니다

시절이 하수상합니다. 살기 어렵다는 이야기가 여기저기서 들립니다. 몇 해 전부터 온라인 강의와 대중 강연 그리고 TV 프로그램에서 여러분이 제게 보내주신 성원과 관심으로 참 행복했습니다. 학생들을 대상으로 가르치던 주제를 일반인들에게까지 확산하여 경제, 인문, 예술 등 다양한 학문과 주제로 대중을 만났습니다. 제가 알고 있는 지식과 정보를 쉽고 재미있게 전달하고 싶었습니다. 그리고 그만큼 세상이 좀 더 살기 좋게 변하는 데 일조하고 싶었습니다. 그러나 제가 부족한 것인지 우리 사회는 점점 살기가 어려워지는 듯합니다.

2010년의 『정의란 무엇인가』, 2014년의 『21세기 자본』은 대한민국을 강타했던 책들입니다. 책을 읽지는 않았더라도 제목을 들으면 '그래, 중요한 책이지' 하고 공감하는 분이 많을 겁니다. 그러나 거기까지입니다. 안타깝게도 이 중요한 책을 제대로 읽거나 끝까지 읽은 분은 별로 없는 것이 현실입니다.

2016년 현재, 대한민국이 여전히 정치·경제·사회적으로 혼란스러운 이유가 무척이나 많겠지만 제대로 된 '정의'와 '자본'에 대한 고민과 성찰이 부족한 것은 아닐까 생각해봅니다. 그래서 인터넷 강의 사이트 '오마이스쿨'에서 이 두 책을 다시금 생각해보고 함께 제대로 알아보자는 취지에서 강의를 진행했습니다. 많은 분들이 관심과 성원을 보내주셨습니다. 제가 이 강의를 진행한 이유 역시 『정의란 무엇인가』와 『21세기 자본』이 훌륭한 책임에도 불구하고 일반인들이 쉽고 재미있게 접하기에는 분량이나 질적인 면에서 부담이 되기 때문이었습니다.

『21세기 자본』을 통해 한국 사회의 문제점을 파악해봅니다

2015년 12월 마이클 샌델의 책 『정의란 무엇인가』를 제 관점으로 해석한 강의, '딸과 함께 토론하기 : 정의란 무엇인가'를 책으로 엮었습니다. 바로 『정의 : 세상이 정의로워지면 우리는 행복할까』입니다.

그리고 2016년 4월, '피케티 읽기'라는 강의를 통해 생각하고 고민한 주제를 책으로 묶었습니다. 토마 피케티의 『21세기 자본』은 2013년 프랑스에서 처음 출간되었고, 2014년에 미국에서 번역 출간되면서 세계적인 피케티 열풍을 몰고 온 화제의 책입니다. 20개국 300년에 걸친 방대한 자료를 토대로 경제적 불평등의 문제와 그 대안을 제시한 토마 피케티의 문제작을 최진기 스타일로 알기 쉽게, 단숨에 풀어보았습니다.

1장에서는 피케티가 논란의 중심이 될 수 있었던 핵심 이유를 알아봅니다. 지배적인 주류 경제학을 비판할 수 있었던 근거와 『21세기 자본』을 둘러싼 논쟁의 실체를 들여다봅니다.

2장은 피케티가 추앙했던 아날학파에 대해 알아봅니다. 피케티가 역사학, 정치학, 문화인류학 등 다양한 학문의 경계를 넘나들며 '통섭의 경제학'을 지향한 학문적 근원은 어디서 출발했는지 따라가 봅니다.

3장은 『21세기 자본』을 관통하는 연구 방법론을 키워드 중심으로 살펴봅니다. 일상사의 자료에서 전체적인 구조를 도출해내는 파격적인 방법론과 그의 통찰력을 분석합니다.

4장과 5장은 피케티에게 영감을 준 동시에 그가 비판했던 두 학자를 만나봅니다. 대표적인 좌파 경제학자인 카를 마르크스와 우파

경제학자인 사이먼 쿠즈네츠입니다. 피케티와 이들은 어떻게 같고 어떻게 다른지 살펴보고, 피케티의 학문적 위치를 파악해봅니다.

6장은 피케티가 자본주의 모순의 해결책으로 제시한 '글로벌 자본세'에 담긴 의미를 파악해보고 리카도, 맬서스, 헨리 조지 등과 비교 분석하여 살펴봅니다. 경제학의 본령이 성장보다 분배에 있음을 확인하며 마무리합니다.

『정의란 무엇인가』와 『21세기 자본』 두 권의 책을 통해, 그리고 앞으로 계속될 제 강의와 책을 통해, 독자들이 우리 주변에서 벌어지는 사회 현상에 대해 의문점을 갖고 세상을 바라보셨으면 합니다. 그리고 제 강의와 책이 미력하나마 물음표를 느낌표로 바꾸는 데 도움이 될 수 있도록 저 역시 늘 최선을 다하겠습니다.

2016년 4월
최진기

차
례

프롤로그 _004

1장 피케티, 주류 경제학에 어퍼컷을 먹이다

미리 보기 __012
엇갈린 평가 __014
한국에서 본 피케티 __020
주류 경제학, 무엇이 문제인가 __024
피케티의 비판 __034

2장 아날학파의 화려한 귀환

미리 보기 __040
피케티를 이해하기 전에 __042
경제를 바라보는 다른 시각 __046
피케티 열풍의 근원지가 미국인 이유 __055
역사를 보는 새로운 관점, 아날학파 __058

3장 21세기 글로벌 부의 불평등

미리 보기 __068
아래로부터의 역사 __070
소소한 일상사로부터 __077
구조주의 방법론 __079
총체적 학문 __089

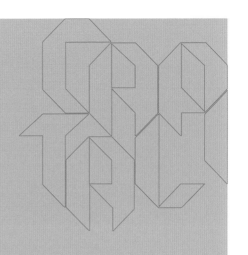

4장 쿠즈네츠를 뒤집다

미리 보기 __096
부의 불평등 __098
쿠즈네츠 곡선 __103
쿠즈네츠가 정말 맞을까 __107

5장 마르크스보다 크다

미리 보기 __122
마르크스, 혁명은 필연적이다 __124
상황은 얼마든지 변할 수 있다 __128
평등과 불평등, 누가 이길까 __137

6장 글로벌 자본세, 분배의 재발견

미리 보기 __146
분배를 이야기하다 __148
글로벌 자본세가 필요한 이유 __151
우리는 어떻게 할 것인가 __158

about 마이크로로북 시리즈 _164

피케티, 주류 경제학에
어퍼컷을 먹이다

1장 미리 보기

크루그먼 VS 맨큐

앞으로 10년 동안 가장 중요한 경제학 저서로 자리매김할 것이다.
_폴 크루그먼

글로벌 자본세는 모두를 가난하게 하는 것이다.
_그레고리 맨큐

『21세기 자본』에 대한 극과 극의 평가, 과연 무엇이 진실일까

주류 경제학을 향한 어퍼컷

—

역사 없는 학문으로 전락했다.
순수이론 학문으로 전락했다.
총체성 없는 학문으로 전락했다.

그럼 피케티는?

엇갈린
평가

토마 피케티의 『21세기 자본』(원제: Le Capital au XXIe siècle)은 주류

경제학과 비주류 경제학 모두에게서 서로 엇갈린 평가를 받고 있습니

■ 인물 탐구

토마 피케티
Thomas Piketty

프랑스, 1971~

부, 소득과 불평등을 연구하는 경제학자
로 파리 경제대학교 교수로 재직 중이다.
2014년에 출간한 『21세기 자본』에서 자본
수익률이 경제 성장률보다 높아질 경우
불평등 또한 비례해서 늘어난다고 주장했
다. 프랑스 최고 권위의 레지옹 도뇌르 훈
장 수상을 거부하기도 했다.

다. 2008년에 노벨 경제학상을 받은 폴 크루그먼은 "앞으로 10년 동안 가장 중요한 경제학 저서로 자리매김할 것이다"라고 이 책을 평가했습니다. 또 2001년 노벨 경제학상 수상자 조지프 스티글리츠는 "피케티의 지적 중 가장 중요한 부분은 불평등이 단지 경제력의 결과가

> **인물 탐구**
>
> ### 폴 크루그먼
> **Paul Robin Krugman**
>
> 미국, 1953~

> 예일대 경제학과를 졸업했다. MIT에서 경제학 박사학위를 받았다. 프린스턴 대학 경제학과 교수를 지냈으며, 현재 뉴욕 시립대학교 교수다. 1990년대 아시아 개발국의 금융위기를 예견했다. 2008년 '무역이론과 경제지리학을 통합한 공로'로 노벨 경제학상을 받았다.

> **인물 탐구**
>
> ### 조지프 스티글리츠
> **Joseph Stiglitz**
>
> 미국, 1943~

> 정보경제학을 발전시킨 경제학자로, 26세에 예일 대학교 정교수가 되었으며 1997년에 세계은행 수석 부총재를 역임했다. 2001년 '비대칭 정보의 시장 이론'이라는 새로운 영역을 개척하여 노벨 경제학상을 수상했다. 현재 컬럼비아 대학교 교수다.

그레고리 맨큐
Nicholas Gregory Mankiw

미국, 1958~

하버드 대학 경제학과 교수, 신케인스학파로 메뉴비용에 관한 연구 업적을 남겼으며, 1997년에 출간한 『맨큐의 경제학』은 세계적인 베스트셀러가 되었다. 2003년부터 2005년까지 백악관 경제자문위원회 위원장을 역임했다.

아닌 정치와 정책의 결과라는 점"이라고 말하며, 『21세기 자본』에 대해 나름의 의견을 제시하고 훌륭한 평가를 했습니다.

이에 반해 그레고리 맨큐는 "글로벌 자본세global capital tax on wealth는 모두를 가난하게 하는 것이다"라고 비판했습니다. 사실 저는 맨큐가 무슨 생각으로 이런 말을 했는지 알 수가 없습니다. 다만 글로벌 자본세가 과연 모두를 가난하게 만드지에 대해서는 동의하기가 힘듭니다.

어쨌든 이렇게 평가가 엇갈리는데, 대체로 우파는 피케티에 대해 굉장히 비판적인 평가들을 내놓습니다. 반면에 좌파는 피케티를 굉장히 높게 평가하는 편인데, 좌파 중에서도 또 그렇지 않은 사람이 있습니다. 우리나라에서도 마찬가지로 피케티에 대한 평가가 엇갈립니다. 그런데 중요한 건 『21세기 자본』이라는 책이 도대체 어떤 내용이기에 이렇게 엇갈린 평가를 받느냐 이겁니다.

피케티의 『21세기 자본』에 대한 엇갈린 평가, 세계적인 열풍을 한 문장으로 정리하면 이렇게 할 수 있습니다. '전통적인 주류 경제학의 방법으로 주류 경제학의 문제점을 적나라하게 드러냈다.'
그 이유를 하나씩 살펴보겠습니다.

미국의 경제학자들을 중심으로 하는 주류 경제학이 있다면, 비주류 경제학도 있습니다. 가장 대표적인 비주류 경제학이 마르크스주의 경제학입니다. 물론 지금은 마르크스주의 경제학이 많이 위축되었기 때문에 비주류 경제학을 대표한다고 할 수 있을지는 모르겠습니다. 주류 경제학으로 우리가 고등학교 때 배우는 경제학이 있습니다. 주류와 비주류가 있으면 당연히 둘 사이에 논쟁이 있을 겁니다. 비주류 경제학에서 주류 경제학을 비판할 때 내세우는 것이 이데올로기입니다. 주류 경제학은 자본가에게 붙어서 기생하는 집단이라는 거죠. 거꾸로 주류 경제학에서는 비주류 경제학을 현실에 적용하기 어려운 이념적인 생각 혹은 자기들만의 도그마에 빠져 현실적이지 못한 주장을 한다고 합니다.

이런 논쟁은 비단 경제학에 국한되지 않습니다. 사회학도 마찬가지 양상인데, 주류 사회학에서 학자들이 제일 중요하게 생각하는 것은 사회통계입니다. 그런데 비주류 사회학자들이 잘 받아들이지 못하는 것이 바로 사회통계입니다. 결국 실증의 문제이고, 그래서 경제학이든 사회학이든 주류에서 비주류를 비판할 때 이런 통계, 수치, 데이터에 관련된 비판을 많이 했습니다.

그런데 피케티는 다릅니다. 피케티는 철저하게 주류 경제학의 방법론으로 연구를 했습니다. 물론 요즘은 주류 경제학도 조금 변했지만, 기본적으로 주류 경제학의 출발점은 실증입니다. 통계와 실증적인 자료를 제일 중요하게 생각합니다. 피케티는 전통적인 주류 경제학의 방법을 사용해서 주류 경제학의 문제점을 적나라하게 드러낸 겁니다. 그래서 논쟁이 되고, 주류 경제학 내에서도 비주류 경제학 내에서도 엇갈린 평가가 나온 겁니다.

그러니까 피케티에 대해서 네 가지 입장이 있을 수 있습니다. 주류 경제학자들은 자신들의 방법에는 문제가 없고, 피케티가 잘못됐다고 주장할 수 있습니다. 반면에 피케티를 통해서 자신들의 문제를 받아들이는 두 가지 입장이 나올 수 있는 겁니다. 비주류 경제학자들은 우선 주류 경제학의 방법을 쓴 것에 대해서 비판적으로 피케티를 볼 수 있습니다. 또 한편에서는 주류 경제학의 방법으로 주류 경제학의 문제점을 파헤친 것에 대해서 높게 평가할 수도 있습니다.

결국 주류든 비주류든 피케티를 좋게 볼 수도 있고 나쁘게 볼 수도 있는데, 그 이유가 제각각 다른 겁니다. 특히 주류의 방법을 쓴 것에 대해 부정적으로 바라보는 사람들은 피케티가 마르크스주의자가 아니라는 천박한 비판을 합니다. 마르크스가 무슨 통계를 썼냐는 겁니다. 물론 마르크스가 전혀 통계를 안 쓴 것은 아니지만 주된 방법은 아니었습니다. 또 주류 경제학을 비판했다고 해서 피케티를 마르크스주의자라고 보기도 어렵습니다.

한국에서 본 피케티

"한국은 지속적으로 성장해서 선진국에 진입해야 하나, 피케티의 경제철학이 국민들에게 호소력을 가지면, 한국의 성장신화는 우리 시대에서 멈추고 말 것이다."

"피케티는 감히 자본론이란 마르크스의 말을 이용한 국제 사기꾼 같다. 피케티는 마르크스주의자도 아니고, 마르크스의 『자본론』도 읽지 않은 것 같다."

한국에서도 피케티에 대한 좋은 평가들이 많지만 먼저 조금은 극단적인 평가들을 뽑았습니다. 첫 번째는 우파가 전형적으로 피케티를 비판한 말입니다. 이 말은 다르게 해석하면 국민들이 설득당하기

전에 이 책을 금서로 만들자는 겁니다. 한국의 경제 발전에 도움이 안 되는 책이라는 겁니다. 예전에 불온서적이라고 몰아붙이던 일을 떠올리게 합니다.

더 재미있는 비판은 두 번째 비판입니다. '감히'라는 단어부터가 일단 피케티를 불경스럽게 보고 있습니다. 피케티를 비판하는 좌파들의 평인데 제목부터가 싫다는 겁니다. 불경스럽게도 마르크스의 '자본론'을 자기 책에 갖다붙였다는 겁니다. 거기다 국제 사기꾼 같다는 말도 합니다. 피케티가 마르크스주의자가 아니라는 지적은 맞습니다. 피케티는 절대 마르크스주의자가 아닙니다.

『21세기 자본』을 제대로 읽은 사람이라면 이렇게 이념적이고 원색적인 비판은 어울리지 않습니다. 과연 제대로 된 평가는 어떤 것인지, 이 책이 금서로 취급받아 마땅한지, 아니면 마르크스를 이용한 사기로 취급받아 마땅한지를 하나씩 보도록 하겠습니다.

"피케티 연구 대상에 한국은 빠져 : 국세청이 공개하는 과세 자료 빈약, 기초 자료 공개하는 환경적 제약 커"

"소득 분배, 불평등 문제에 소홀한 주류 경제학계 무관심도

한몫. 장기간 데이터 분석한 실증적 연구는 진보든 보수든
제대로 된 연구 없어"

제가 말하고 싶은 것은 이런 겁니다. 이런 것이 기본적인 관점이
고 통렬한 지적입니다. 피케티가 연구한 세계 각국의 자료에 한국은
없습니다. 그만큼 국세청이 공개하는 과세 자료도 빈약하고, 기초 자
료를 공개하는 환경적 제약도 큽니다. 한국은 연구를 할 수 있을 만
큼 자료가 많지 않다는 뜻이죠. 피케티에 동의하든 안 하든 이런 자
세를 가져야 학문이 발전할 수 있습니다.

두 번째는 한국이 연구 대상에서 빠진 데는 소득 분배, 불평등
문제에 소홀한 주류학계의 무관심도 한몫했다는 겁니다. 또 주류/비
주류, 보수/진보를 떠나서 아무도 장기간에 걸쳐 실증적 데이터를 만
드는 것에 관심을 가지지 않았다는 겁니다. 데이터가 있고 그것에 대
한 해석의 옳고 그름에 대한 논쟁이 벌어져야 하는데, 데이터가 아예
없는 겁니다. 뿐만 아니라 데이터가 필요하다는 점에 대한 공감대조
차도 없습니다. 결국 다양한 주장을 펼치지만 그 근거를 갖추지 못한
것입니다. 근거 없는 주장과 논쟁이 이루어지다 보니 결국 고답적이고
형이상학적 논쟁으로 흘러갈 수밖에 없습니다.

어쨌든 피케티의 『21세기 자본』을 위의 두 사례처럼 바라보는 게 제대로 된 평가가 아닐까 합니다. 앞에 나온 비판과는 수준 차이가 드러나지 않습니까? 증권가 찌라시 수준이라고밖에 할 수 없습니다. 원색적인 비난이 아니라 피케티의 책을 계기로 우리나라 경제, 소득, 분배 등의 문제에 대한 연구가 이루어질 수 있도록 현실적인 제약을 걷어내고 과세 자료를 좀 더 풍부하게 확보해야겠다는 생각을 하는 것이 맞습니다. 장기간에 걸쳐 누적된 실증적 데이터를 기반으로 하는 연구 업적을 어떤 분야에서든 만들어내자는 합의가 이루어지는 것이 중요합니다. 이런 분위기가 되어야 피케티에 필적할 만한 새로운 연구도 나올 수가 있습니다. 그런데 아직 그러지 못하고 있는 우리의 현실이 아쉽습니다.

주류
경제학,
무엇이
문제인가

그렇다면 주류 경제학의 문제점은 무엇이고, 피케티는 이 문제점을 어떻게 드러내고 비판했는지를 봐야 합니다. 노벨상 수상 분야에는 경제학상도 있습니다. 처음에는 포함되지 않았는데 1969년부터 수여하기 시작했습니다. 2000년부터 2013년까지 노벨 경제학상 수상자는 30명입니다. 이중에서 미국 출신 수상자는 몇 명일까요? 25명입니다. 그럼 나머지 5명은 누굴까요? 2명은 영국 출신입니다. 또 2명은 이스라엘, 1명은 노르웨이 출신입니다. 그런데 이스라엘과 노르웨이 출신 수상자는 모두 미국에서 학위를 받았습니다. 그러니까 영미권이 아니면 노벨 경제학상을 받지 못한 겁니다. 노벨 경제학상이 아니라 노벨 영미 경제학상, 노벨 미국 경제학상이라고 불러야 할 정도입니다. 그나마 2014년에는 프랑스 출신의 장 티롤이 받았습니다. 장 티롤 역시

학위는 미국에서 받았습니다.

노벨 경제학상을 받은 사람들은 물론 유명 인사일 겁니다. 하지만 상을 받았다고 해서 모두 대단한 건 아닙니다. 이렇게 생각하면 됩니다. 미스코리아 대회에서 1등을 했다고 제일 예쁜 건 아니죠. 마찬가지로 노벨 경제학상을 받았다고 최고는 아닙니다. 선물투자에 대한 방법론으로 상을 받은 경우도 있습니다. 이건 투자학상이지 경제학상이라고 보기는 어렵지 않겠습니까?

> 박사학위 과정을 끝낸 직후 보스턴 근처의 한 대학에 채용되었던 스물두 살 무렵 아메리칸 드림을 경험했다. (……) 그러나 또한 내가 곧 프랑스와 유럽으로 돌아가기를 원한다는 것을 깨달았고, 스물다섯 살에 그렇게 했다.
>
> _토마 피케티, 『21세기 자본』, 2014, 글항아리

피케티가 책에 쓴 내용입니다. 피케티는 22세에 박사학위를 받았습니다. 우리는 군대에 있을 나이인데 박사학위를 받고 미국의 한 대학에 채용까지 되었습니다. 그런데 25세에 미국에 있으면 안 되겠다는 생각을 한 겁니다. '내가 여기 미국에선 성공해봤자 노벨 경제학상 받겠지. 그래선 안 되겠어'라고 생각했을지도 모릅니다. 왜 그랬을까요?

주류 경제학, 무엇이 문제인가

하지만 뭔가 이상한 일이 벌어졌다. 나는 세계 경제 문제들에 관해 전혀 아는 것이 없다는 사실을 너무나 잘 알고 있었다. 내 논문은 몇 가지 비교적 추상적인 수학적 정리들로 구성된 단순한 것이었다. 그런데도 학계는 이 연구를 좋아했다.

_토마 피케티, 『21세기 자본』, 2014, 글항아리

피케티는 자신은 세계 경제 문제들에 대해 아는 것이 없음에도 불구하고 수학적 정리들로 구성된 논문을 미국의 학계에서 좋아하는 것이 이상하다는 생각을 했습니다. 맞지 않습니까? 22세, 이제 막 박사학위를 받은 청년이 얼마나 대단한 걸 알겠습니까? 문과는 이과와는 다릅니다. 아인슈타인은 20대에 상대성 이론을 발표했습니다. 이과의 업적은 20대가 냅니다. 하지만 문과는 그렇지 않습니다. 20대 학자가 낸 유일한 성과가 알렉시스 드 토크빌의 『미국의 민주주의』 정도라고 봅니다. 그것도 토크빌이 20대 후반에 쓴 겁니다. 경제학자, 정치학자, 사회학자, 역사학자는 스포츠 선수가 아닙니다. 오랜 기간 연구와 경험, 안목이 쌓여야 가능합니다.

그래서 피케티는 자신의 논문이 단순한 것이라고 고백하고 있는 겁니다. 그런데도 미국 학계에서는 그 연구를 좋아했답니다. 이 내용을 보고 미국의 주류 경제학자들이 화가 나겠죠. 나름 성공했다고 생

Summary of Requirements

GENERAL EDUCATION		
One of the following:		200
MATH 13100-13200	Elementary Functions and Calculus I-II	
MATH 15100-15200	Calculus I-II	
MATH 16100-16200	Honors Calculus I-II [*]	
Total Units		**200**

MAJOR		
One of the following:		100
MATH 13300	Elementary Functions and Calculus III [*]	
MATH 15300	Calculus III [*]	
MATH 16300	Honors Calculus III [*]	
ECON 20000-20100-20200-20300	The Elements of Economic Analysis I-II-III-IV	400
STAT 23400	Statistical Models and Methods	100
or STAT 24400	Statistical Theory and Methods I	
or STAT 24410	Statistical Theory and Methods Ia	
ECON 20900	Econometrics: Honors	100
or ECON 21000	Econometrics	
One of the following:		200
MATH 19520 & 19620	Mathematical Methods for Social Sciences and Linear Algebra [**]	
MATH 20300-20400	Analysis in Rn I-II	
MATH 20700-20800	Honors Analysis in Rn I-II	
Four electives [*]		400
Total Units		**1300**

시카고 대학교 경제학과 커리큘럼

각했는데, 그런 성공은 아무것도 아니라는 말이잖아요.

위의 표는 시카고 대학교의 경제학과 커리큘럼입니다. 시카고 대학교 경제학과 출신을 '시카고학파'라고 따로 부를 정도로 굉장히 유명합니다. 그런 시카고 대학교 경제학과의 커리큘럼을 보면 문제점이 있습니다. 먼저 'General Education'이 있습니다. 교양과목입니다. 보시면 교양과목으로 MATH, 수학만 있습니다. 전공과목으로 넘어가면 역시 MATH가 제일 먼저 눈에 띕니다. 수학이 아닌 것도 있습니다. STAT, 통계입니다. 그러면 남는 건 경제 두 과목입니다. 경제학과를 졸업하기 위해 듣는 수업 총 1300학점 중에서 경제와 관련된 것이 500학점, 수학이 800학점입니다. 이 정도면 경제학과가 아니라 수학과라고 불러야 더 맞는 것 같습니다. 우리나라도 사정은 마찬가지입니다. 그래서 제가 늘 경제학을 절름발이 학문이라고 말하는 겁니다. 다음 자료를 보면 더 놀라실 겁니다.

미시경제1

Final Exam (80분 / 100점)

I. 어떤 소비자의 효용함수가 다음과 같이 주어져 있다. (50점)

$$U = X^{\frac{1}{3}} + Y^{\frac{1}{3}}$$

1) 소비자의 재와 재의 통상수요함수(Ordinary Demand Function)를 구하시오. (10점)

2) 소비자의 통상수요함수가 가법성Adding-up Property을 만족하는지 검증하고, 이를 이용하여 $1=\alpha_x e^x_I + \alpha_y e^y_I$(단 α_x는 X재의 지출이 소득에서 차지하는 비율을 뜻한다)가 성립하는지 확인하시오. (10점)

3) 만약 X, Y재의 가격이 주어진 상태에서 효용을 2배로 증가시키려면 소비자의 소득은 몇 배가 증가하여야 하는가. (10점)

4) 보상수요함수Compensating Demand Function와 지출함수 Expenditure Function를 구하시오. (10점)

5) 슬러츠키 방정식Slutsky Equation을 이용하여 이 소비자의 대체효과가 왜 항상 음(–)의 부호를 가지게 되는지 증명하시오. (반드시 주어진 효용함수를 사용) (10점)

II. 어떤 생산자의 생산함수가 다음과 같이 주어져 있다. (40점)

$$Q = L^{\frac{1}{3}} + K^{\frac{2}{3}}$$

1) 한계기술대체율($MRTS$) 체감의 법칙이 성립함을 증명하시오. (10점)

2) 대체탄력성(σ_{LK})을 구하고 위 생산함수가 오일러 정리Euler's Theorem를 충족하는지 설명하시오. (10점)

주류 경제학, 무엇이 문제인가

3) 노동과 자본의 조건부요소수요함수Conditional Factor Demand Function와 비용함수Cost Function를 구하시오. (10점)

4) 이 생산자의 한계비용(MC)을 계산하고, 한계비용함수가 이 생산함수의 어떤 특징을 반영하고 있는지 설명하시오. (10점)

모 대학교 경제학과의 시험문제입니다. 이 학교뿐만이 아니라 우리나라 대학교의 경제학과가 다 비슷합니다. 사실 문제조차 이해하기 어렵습니다. 물론 열심히 공부한 학생들은 풀겠지만, 풀고 못 풀고는 중요한 게 아닙니다. 중요한 건 이런 풍토가 두 가지 면에서 문제를 불러일으킬 수 있다는 것입니다.

첫 번째는 다른 학문에 대한 배타성입니다. 흔히 철학을 학문의 왕이라고 하고, 경제학을 사회과학의 여왕이라고 합니다. 철학이나 경제학을 전공한 사람들이 이런 말을 많이 합니다. 그래서 다른 학문들에 대해서는 하위개념으로 생각하는 경우가 있습니다. 철학과 경제학이 명령을 하면 다른 학문들은 그것을 전달하거나 실행하는 신하의 역할을 한다는 겁니다. 물론 모든 철학, 경제학 전공자들이 이렇게 생각하는 것은 아니지만 이런 풍토가 다른 학문에 비해서 강한 편입니다. 한마디로 학문의 왕과 여왕이 다른 학문에 대해서 굉장히 배타적입니다. 예전에는 성악 전공자들이 대중가요를 부르면 곱지 않은 시선으로 바라봤습니다. 마찬가지로 철학과 교수, 박사가 대중 철학서를 쓰면 역시 좋지 않게 생각했습니다. 물론 최근에는 대중적인 철학책으로 인기를 누리는 분들도 있고 생각도 많이 바뀌었습니다만, 아직도 이런 시각이 존재하는 것이 사실입니다.

두 번째는 Ⅱ의 3번 문제를 보면 나옵니다. 일단 문제가 비현실적이라는 느낌이 들 겁니다. 물론 모든 학문이 다 현실적일 수는 없습니다. 하지만 이런 식으로 계속 공부를 하고 훈련을 하면 나중에는 자신도 모르게 '나는 이걸 할 수 있다'라는 엘리트 의식이 생깁니다. 나만 알고 다른 사람들은 모른다는 엘리트주의에 빠질 수 있다는 겁니다. 이런 상황에 대해서 피케티는 회의를 느꼈을 겁니다.

프랑스에서 경제학자들은 학계와 지식인의 세계에서 또는 정계와 금융계의 엘리트 사이에서 대단한 존경을 받지 못한다. 그래서 그들은 다른 학문 분야를 무시하거나 어떤 문제에 대해서도 거의 아무것도 알지 못하면서도 더 높은 과학적 타당성을 어리석게 주장하지 않는다.

_토마 피케티, 『21세기 자본』, 2014, 글항아리

주류 경제학, 무엇이 문제인가

결국 피케티는 경제학의 배타적인 성격, 비현실적인 논의가 현실에 도움이 되지 못할 것임을 깨달았기 때문에 오늘날의 피케티가 될 수 있었습니다. 피케티는 다른 학문 위에 서려고 하지 않습니다. 그렇기 때문에 자연스럽게 다른 학문에 대해서 개방적인 태도를 갖게 되고, 다른 학문과 연계하는 통섭적 학문을 할 수 있는 힘이 나오는 겁니다.

피케티는 '다른 학문 분야를 무시하거나 어떤 문제에 대해서 거의 아무것도 알지 못하면서 더 높은 과학적 타당성을 어리석게 주장'하는 것이 바로 주류 경제학이라고 생각했습니다. 이런 상황에서 결국은 경제과학, 과학경제라는 무시무시한 용어를 씁니다.

미국 대학 교수의 연봉

- 경제학과
  평균 : 8만 7950달러
  상위 10퍼센트 : 16만 940달러
- 영문학과
  평균 : 6만 40달러
  상위 10퍼센트 : 11만 5530달러

미국 대학 교수의 연봉을 보면 이해가 가실 겁니다. 경제학과 교수들은 다른 교수들보다 훨씬 높은 보수를 받습니다. 위에 제시한 금액은 연구 지원비와 기업 지원을 제외한 순수한 보수입니다. 이것들까지 합치면 실제로 받는 금액은 경제학과 교수가 다른 학과 교수들보다 두 배 이상 많습니다. 이 때문에 누가 직업을 물으면 교수라고 하지 않고, '경제학과 교수'라고 대답합니다.

주류 경제학, 무엇이 문제인가

피케티의 / 비판

그러면 피케티는 기존의 경제학 또는 주류 경제학과 무엇이 다를까요? 피케티는 주류 경제학에 대해서 역사 없는 학문으로 전락했다고 합니다. 『21세기 자본』을 읽고 사람들이 놀라는 이유는 여러 가지가 있겠지만, 그중 하나가 바로 자료입니다. 엄청난 양의 과세 자료를 모두 조사하고 분석했습니다. 동시대의 것만이 아니라 예전의 과세 기록부터 전부 다 조사하고 연구했습니다. 통시적 방법으로 연구한 겁니다. 이것을 피케티는 이렇게 표현했습니다.

> 과세 기록들에 대한 역사적이고 통계적인 연구가 학문적으로 일종의 주인 없는 땅, 즉 경제학자들에게는 너무 역사적인 분야이고, 역사학자들에게는 너무 경제적인 분야였기

때문일 것이다.

_토마 피케티, 『21세기 자본』, 2014, 글항아리

경제학자들은 너무 역사적이라 피하고, 역사학자들은 너무 경제적이라 피했던 걸 피케티는 했습니다. 경제학자이지만 역사에 대해서, 다른 학문에 대해서 개방적인 태도를 가지고 있기에 가능한 일입니다.

두 번째 비판은 앞에 나온 경제학과 시험문제처럼 경제학이 수학으로 전락했다는 겁니다. 그냥 완전 경쟁시장만 상정해놓고 실제와 다른 순수이론 학문이 되어버렸다는 비판입니다.

경제학 분야는 아직도 (……) 수학에 대한 순전히 이론적이고 흔히 이념적인 고찰에 대한 유치한 열정을 극복하지 못하고 있다.

_토마 피케티, 『21세기 자본』, 2014, 글항아리

이렇게 말하면 주류 경제학자들도 대해 함부로 비판하지 못하는 겁니다. 피케티는 수학에 대한 열정을 유치하다고 말했는데, 미국 주류 경제학자들의 논문이 대부분 아주 고도의 수학적 기법을 사용하고 있습니다. 그리고 그 논문들이 노벨 경제학상을 받았습니다. 그러

니까 피케티를 반박하려면 자신의 논문이 수학에 대해 순전히 이론적이지 않다는 것을 말해야 하는데 그러기가 쉽지 않습니다. 물론 수학 중심의 경제학이 다 잘못된 것은 아닙니다. 하지만 경제학이 스스로 다른 사회과학에서 떨어져 나오는 바람에 이런 경향이 생겼다고 합니다.

피케티는 자신의 책에서 주류 경제학을 비판하며 역사성과 현실성이 있는 광범위한 통계 자료를 연구하고 그 결과를 통해서 총체적으로 바라봤습니다.

전통적인 주류 경제학의 방법으로
주류 경제학의 문제점을
적나라하게 드러냈다.

결국 피케티는 경제학의 배타적인 성격,
비현실적인 논의가 현실에 도움이 되지 못할
것임을 깨달았기 때문에
오늘날의 피케티가 될 수 있었습니다.
피케티는 다른 학문 위에 서려고 하지 않습니다.
그렇기 때문에 자연스럽게 다른 학문에 대해서
개방적인 태도를 갖게 되고,
다른 학문과 연계하는 통섭적 학문을
할 수 있는 힘이 나오는 겁니다.

경제학자들은 너무 역사적이라
피하고, 역사학자들은
너무 경제적이라 피했던 걸
피케티는 했습니다.
경제학자이지만 역사에 대해서,
다른 학문에 대해서 개방적인 태도를
가지고 있기에 가능한 일입니다.

2장

아날학파의
화려한 귀환

**뤼시앵 페브르,
『책의 탄생』**

책과 자본주의는
어떻게 연결될까?

페르낭 브로델, 『물질문명과 자본주의』

소소한 일상에서 발견한 놀라운 이야기

피케티는 왜 이들을 택했을까?

피케티를
이해하기
전에

나는 로버트 솔로나 심지어 사이먼 쿠즈네츠보다 뤼시앵 페
브르, 페르낭 브로델, 클로드 레비스트로스, 피에르 부르디
외, 프랑수아즈 에리티에, 모리스 고들리에를 더 존경한다.
사회과학을 보는 나의 견해가 국수주의적으로 비칠 위험을
감수하면서까지……

_토마 피케티, 『21세기 자본』, 2014, 글항아리

이제 피케티와 『21세기 자본』을 본격적으로 살펴보겠습니다. 그
중에서도 피케티가 서장에서 밝힌 핵심적인 고백을 보겠습니다. 어떤
사람의 연구 결과인 책을 이해하기 위해서는 그 사람의 학문적 준거
집단을 봐야 합니다. 무엇을 목표로 하고 있으며, 누구를 따르고 있

는지를 알면 훨씬 더 이해하기가 수월해집니다. 우리가 헤겔 철학을 공부하려면 칸트 철학을 알아야 하는 것과 같습니다. 헤겔 철학의 준거점이 바로 칸트로부터 나오기 때문입니다. 물론 방향성은 완전히 달라지지만 반드시 필요합니다. 마찬가지로 플라톤을 이해하기 위해서는 소크라테스를 먼저 알아야 합니다. 그래서 피케티를 이해하기 위해서 알아야 하는 사람들에 대해서 먼저 봐야 합니다.

로버트 솔로, 사이먼 쿠즈네츠는 미국의 주류 경제학자입니다. 경제학에서 대단한 업적을 이룬 유명한 사람들입니다. 하지만 피케티는 이들보다 뒤에 나온 뤼시앵 페브르, 페르낭 브로델 등을 더 존경한다고 밝히고 있습니다. 심지어 이 사람들은 경제학자도 아닙니다. 그럼에도 피케티의 준거집단이 바로 이 사람들입니다.

피케티가 존경하는 이 사람들은 모두 프랑스인이라는 공통점이 있습니다. 프랑스 사람인 피케티가 미국 사람들보다 프랑스 사람을 더 존경한다고 하면 '프랑스밖에 모르는 국수주의자'라는 비판을 받을 소지가 높습니다. 하지만 피케티는 자신의 견해가 국수주의적으로 비칠 위험을 감수하면서까지 더 존경한다고 했습니다. 그러니까 이건 피케티가 감사한 사람들을 줄줄이 써놓은 게 아니라 아주 중요한 의미를 담고 있는 겁니다. 로미오가 줄리엣에게 사랑 고백을 할 때 '너

로버트 솔로
Robert Merton Solow

미국, 1924~

경제 성장 이론을 연구하여 1987년에 노벨 경제학상을 수상한 미국의 경제학자. 경제협력개발기구(OECD)의 경제성장촉진 추진위원회 미국 대표로 활동했다.

사이먼 쿠즈네츠
Simon Smith Kuznets

미국, 1901~1985

러시아 출신으로 미국으로 귀화하여 컬럼비아 대학에서 학위를 받았다. 1971년 실증적 토대에 입각한 경제 사회 구조와 개발 과정에 대한 연구로 노벨 경제학상을 수상했다. 미국 통계학 회장 등을 역임했다.

희 집안과 우리 집안이 원수지만……'이라고 하면서 원수로 살자는 겁니까? 아니죠. 그럼에도 불구하고 진짜 사랑한다는 거죠. 피케티도 그렇습니다. 국수주의로 몰릴 수도 있지만 그래도 진짜로 존경하는 사람들이라는 겁니다. 왜 피케티가 이렇게 밝히고 있는지 보도록 하겠습니다.

제일 먼저 로버트 솔로입니다. 경제학에서는 최고로 꼽히는 사람이며, 1987년에 노벨 경제학상을 받았습니다. 현재 유럽중앙은행 총재가 마리오 드라기입니다. 그리고 얼마 전까지 연방준비제도이사회 FRB 의장이었던 사람이 벤 버냉키입니다. 유럽중앙은행 총재와 미국 연준 의장은 경제 대통령이라고 할 수 있습니다. 세계 경제에 가장 큰 영향을 미치는 곳이 미국과 유럽이고 이 두 사람이 바로 미국과 유럽의 경제 대통령인 겁니다. 그리고 둘 다 로버트 솔로의 제자입니다. 그러니까 솔로는 경제학에서는 최고의 권위자라고 할 수 있습니다.

그리고 사이먼 쿠즈네츠는 러시아 출신으로 미국에서 공부하고 1971년에 노벨 경제학상을 받았습니다. 쿠즈네츠가 바로 GDP국내총생산 개념을 만든 사람입니다. 그리고 경제학에서 대단히 유명한 가설인 '쿠즈네츠 U자형 가설'을 만든 사람입니다.

경제를
바라보는
다른 시각

피케티는 이런 대단한 경제학자들보다 더 존경하는 사람이 있다고 밝

힌 겁니다. 말하기 엄청 어려운 얘기죠. 한국의 야구선수가 놀란 라이

언, 베이브 루스보다 차범근, 박지성을 더 존경한다고 말하는 것과 다

름없기 때문에 말하기가 쉽지 않습니다. 피케티가 이렇게 대단한 학자

인물 탐구

뤼시앵 페브르
Lucien Febvre

프랑스, 1878~1956

역사학자. 마르크 블로크와 함께 아날학파
를 창시하고, 『사회경제사연보』를 창간하여
활동했다. 경제사부터 사상사에 이르기까
지 폭넓게 연구했다.

들보다 더 존경하는 이 사람들은 과연 누구일까요?

먼저 뤼시앵 페브르입니다. 뤼시앵 페브르가 쓴 책이 바로 『책의 탄생』입니다. 여기에서 뤼시앵 페브르는 책의 탄생, 보급과 자본주의의 관계를 밝히고 있습니다. 책과 자본주의는 도대체 무슨 상관이 있을까요? 서양에서 책이 본격적으로 등장한 시기는 15세기에서 16세기로 넘어가는 때입니다. 세계 최초의 인쇄물을 만든 건 누굽니까? 우리입니다. 세계에서 가장 먼저 책을 찍었습니다. 하지만 대중에게 보급되지는 않았습니다. 그런데 서양에서는 15세기에 본격적으로 책이 보급되기 시작합니다.

책이 보급되기 위한 첫 번째 키워드는 바로 금속활자입니다. 목각 활자본이라는 건 보급하기가 대단히 어렵습니다. 많이 찍어낼수록 나무가 닳아버리기 때문에 대량 생산하는 데 한계가 있습니다. 그런데 독일의 구텐베르크(1397~1468)가 금속활자를 발명한 겁니다. 우리도 물론 구텐베르크보다 80여 년 앞서서 금속활자를 이용해서 『직지심체요절』을 찍었습니다. 하지만 대량 생산을 하지는 못했습니다.

어쨌든 책이 보급되는 첫 번째 계기는 금속활자의 발명입니다. 그다음 책의 보급이 시작되는 두 번째 물적 토대는 바로 제지술입니다. 제지술은 중국에서 개발되었고, 14세기 유럽에서 자리를 잡게 됩

경제를 바라보는 다른 시각

니다. 이에 따라 대량으로 종이를 생산할 수 있게 됩니다.

구텐베르크의 금속활자와 제지술이 결합함으로써 책을 대량 생산할 수 있는 물적·기술적 토대가 완성되었습니다. 그리고 드디어 종교개혁 운동이 일어납니다. 이 종교개혁이 책 보급의 포인트입니다. 종교개혁이 없으면 책도 없습니다. 종교개혁 하면 떠오르는 사람이 마르틴 루터입니다.

루터의 종교개혁에서는 두 가지를 이해해야 합니다. 원래 가톨릭이 있습니다. 가톨릭을 구교라고 하고 이에 맞서는 신교가 있습니다. 가톨릭에 맞섰기 때문에 프로테스탄트라고 합니다. 당시 로마 교황이 레오 10세였습니다. 이 레오 10세가 면죄부를 팔아서 돈을 벌죠. 루터가 여기에 반박하면서 종교개혁 운동이 일어나게 됩니다. 여기까지는 여러분도 이미 다 알고 있는 내용입니다.

그런데 면죄부 판매가 가능했던 이유가 있습니다. 바로 성경책입니다. 당시에는 성경책이 전부 라틴어로 쓰어 있었습니다. 그래서 어떤 사람이 하느님에게 가려면 성경을 통해서 가야 하는데, 성경을 읽지를 못하는 겁니다. 신부님이 읽어줘야지만 하느님한테 갈 수 있습니다. 그래서 가톨릭에서는 자연히 교회 중심주의가 됩니다. 하느님을 만나려면 사람들이 교회에 가야 하고, 가서도 성경은 읽을 수 없으니까 교회에서 시키는 대로 해야 합니다. 그런데 루터가 등장합니다. 그는 교회의 면죄부 판매 등 부정부패에 반박하는 글을 써서 교회 벽에다 붙였습니다. 그러면서 루터가 시작한 것이 바로 독일어 성경책입니다. 독일어로 썼으니까 이제 누구라도 신부님을 거치지 않고 하느님을 만날 수 있게 됩니다. 교회 중심주의에서 성경 중심주의가 되는 겁니다.

그럼 종교개혁은 책의 보급과 어떤 관계가 있을까요? 예전에는 하느님한테 기도할 때 책이 필요 없었습니다. 성당에 가면 신부님이 성경책을 읽어주었으니까요. 신자들은 성당에 가서 미사를 보면 됩니다. 그런데 종교개혁이 일어나면서 교회의 부정부패가 만천하에 드러나게 됐습니다. 그리고 독일어 성경책도 나왔습니다. 그러니까 성당에 안 가도 되죠. 신부님도 필요 없습니다. 성경책만 있으면 됩니다. 그래서 책이 본격적으로 보급되는 겁니다.

이처럼 금속활자와 제지술이 공급을 만들어냈습니다. 공급할 준비가 되어 있는데, 종교개혁으로 수요가 생기는 겁니다. 뤼시앵 페브르는 수요와 공급이 맞아떨어졌기 때문에 책이 나왔다고 보는 겁니다. 그리고 당연히 책의 가격이 형성됩니다. 벌써 자본주의 냄새가 나기 시작하는 거죠.

더 본격적인 이야기로 들어가볼까요? 라틴어와 독일어의 차이점이 뭘까요? 라틴어는 유럽어고, 독일어는 한 나라의 언어입니다. 프랑스에 가면 프랑스어, 독일은 독일어, 영국은 영어, 이탈리아는 이탈리아어……. 바로 같은 언어권을 묶는 민족주의가 등장합니다. 유럽 단일 중심주의가 아니라 민족 개념이 생기고, 이 민족주의를 바탕으로 우리 민족을 보호하겠다는 절대군주와 중상주의가 등장합니다. 그리고 중상주의에서 보호무역이 등장합니다. 또 보호무역에 기반을 둔

일국적 자본주의가 탄생한다는 것이 바로 뤼시앵 페브르가 쓴 『책의 탄생』의 내용입니다.

이렇게 페브르는 역사학과 경제학을 결합했습니다. 『책의 탄생』이라는 역사학적인 제목의 책을 통해서 자본주의 등장이라는 경제적인 요소를 끌어냈습니다. 피케티는 이게 진짜 경제학이라고 생각하는 겁니다. 역사로부터 경제를 끌어냈다는 거죠. 이게 피케티가 추구하는 경제학의 방법입니다. 여기에 피케티가 더 존경하는 사람이 로버트 솔로나 쿠즈네츠가 아닌 뤼시앵 페브르인 이유가 담겨 있습니다.

그다음 더 대단한 사람이 나옵니다. 페르낭 브로델. 브로델은 『물질문명과 자본주의』라는 책을 썼습니다. 이 책에서 브로델이 보여주는 건 이렇습니다. '말린 대구를 만드는 과정'을 봅니다. 대구를 어

인물 탐구

페르낭 브로델
Fernand Braudel

프랑스, 1902~1985

역사학자이자 교육자. 뤼시앵 페브르가 창립한 『아날』의 편집인으로도 활동했다. 1979년에 쓴 저서 『물질문명과 자본주의』를 통해 15~18세기 물질문명과 인간관계를 조망했다.

경제를 바라보는 다른 시각

떻게 말리는지. 그다음에 '18세기 홀란드 푸줏간의 도마'를 봅니다. 도마가 나무로 만들어졌는지, 플라스틱으로 만들었는지. 도마 위에서 양고기를 썰었는지 닭고기를 썰었는지, 닭을 썰었으면 그 닭은 집에서 직접 키운 건지 아니면 시장에서 사온 건지. 시장에서 산 닭이라면 누가 어떻게 사육했는지, 양계장 주인의 한 달 소득은 얼마이고, 인건비는 얼마나 들어가는지. 그 주인들은 교회에 일주일에 몇 번이나 갔으며 헌금은 얼마를 했는지와 같이 일상적인 것들을 조사합니다. 드디어 역사에 일상사를 등장시키는 겁니다.

결혼식을 위해서 차려진 음식 테이블을 관찰하고, 최후의 만찬에서 뭘 먹었는지를 보는 거죠. 중국인과 네덜란드인이 함께 중국 차를 마시고 있는 모습을 일본인이 지켜봅니다. 그러면 이 일본인은 어떻게 왔으며, 돈을 얼마나 벌었고, 무슨 옷을 입었으며, 그 옷은 언제 입었는지와 같이 사람들의 일상적인 삶을 기록하는 겁니다.

그런데 이렇게 소소한 일상사를 쓰는 것에서 끝나지 않습니다. 이렇게 소소한 일상사를 통해서 내린 결론이 중요합니다. 결론이 도마 위에 먼지가 많이 쌓여 있었네, 없었네가 아닙니다. 책 제목이 『물질문명과 자본주의』잖아요. 엄청난 결론을 내리는데, 우리는 자본주의 하면 시장이 등장하고 애덤 스미스의 '보이지 않는 손' 같은 것을 생각하지 않습니까? 그래서 16~17세기에 자본주의가 등장한다고 하는데, 브로델은 자본주의를 그렇게 정의하지 않습니다.

브로델은 자본주의를 어떻게든 독점을 해서 이윤을 극대화하는 것이라고 정의합니다. 애덤 스미스의 자본주의와 완전히 반대입니다. 애덤 스미스의 자본주의는 독점이 있으면 안 됩니다. 자유로운 시장경제 체제에서 저마다 이윤 창출을 위해서 경쟁하는 것이 애덤 스미스의 자본주의입니다. 우리가 배운 자본주의의 핵심은 바로 경쟁입니다. 하지만 브로델은 일상생활을 통해서 자본주의가 굴러가는 구조를 봤더니, 자본주의의 핵심은 경쟁을 없애는 것이더라 하는 겁니다.

시장에 참여한 사람들의 목표가 무엇입니까? 내 물건을 남들보다 더 많이 팔아서 이윤을 남기는 겁니다. 그러려면 경쟁자가 없을수록 좋겠죠. 경쟁자를 없애고 독점하면 됩니다. 가만히 생각해보면 맞는 말입니다. 삼성전자의 목표가 뭐예요? 스마트폰으로 세계 1위를 하려면 애플이 망해야죠. 저의 목표는 뭘까요? 제가 수능 사회문화를 가르칩니다. 다른 사회문화 강사들을 다 제거하면 학생들이 제 강의만 듣겠죠. 그러니까 자본주의를 바라보는 시각이 완전히 달라지는 겁니다. 누가 맞다가 아니라 같은 대상이라도 바라보는 관점이 이렇게 달라질 수 있다는 겁니다.

어쨌든 브로델은 자본주의를 이윤의 극대화, 경쟁의 제거라고 봤기 때문에 자본주의가 시작된 것도 16세기나 17세기가 아니라 13세기 이탈리아의 상업도시라고 생각했습니다. 이때 이미 이윤의 극대화를 위한 활동이 벌어지고 있었습니다. 프랑스에서도 샹파뉴 지방의 정기시定期市의 시대에 독점에 의한 자본이 창출되고 있었으며, 그게 바로 자본주의라고 보는 겁니다. 그래서 자본주의의 출발을 우리가 생각하는 것보다 더 앞당겨야 한다고 브로델은 주장했습니다.

제가 처음에 대구 말리는 것, 정육점 이야기를 할 때는 굉장히 일상적이고 우스운 것 같았죠? 하지만 미시적인 일상사로부터 거대한 담론을 이끌어내는 겁니다. 이런 맥락에서 『21세기 자본』 역시 많은 통계 자료와 도표를 통해서 아주 일상적이고 사소해 보이지만, 거기서부터 '글로벌 자본세'라는 거대한 담론을 도출하는 겁니다. 기존의 경제학하고는 완전히 다른 접근입니다.

피케티 열풍의
근원지가
미국인
이유

『21세기 자본』이 출간되었을 때 미국에서는 깜짝 놀랐습니다. 피케티 열풍이라고 부를 만큼 많은 사람들이 이 책을 읽었습니다. 방법에 놀란 거죠. 자기들이 쓰던 방법과 다르게 접근해서 경제적인 문제와 결론을 도출하기 때문입니다.

그런데 정작 프랑스에서는 열풍이라고 할 정도로 주목받지는 못했다고 합니다. 프랑스 사람들 입장에서는 항상 쓰던 방법이기 때문에 새로울 것도 대단할 것도 없는 거죠. 이건 피케티의 방법이 기존의 방법보다 무조건 더 좋다는 문제가 아니라 전통과 문화가 다른 데 따른 겁니다.

우리는 미국과 유럽을 모두 서양이라는 하나의 카테고리로 생각하지만 사실 미국과 유럽은 다른 점이 많습니다. 가장 대표적인 예로 제가 항상 꼽는 게 세계 대학 순위입니다. 교수 1인당 학생 수, 장학금 비율, 연구 업적 국제 발표 비율 등을 종합해서 매년 대학 순위를 발표하는데, 그 순위에 소르본 대학이나 파리 10대학은 없습니다. 유럽에서는 대학 순위라는 것 자체를 이해하지 못합니다. '아니, 대학에 어떻게 순위를 매겨?'라고 하니 할 말이 없죠. 그래서 대학 순위를 보면 거의 영미권 대학들이 상위권을 차지합니다. 말레이시아 대학, 베이징 대학도 들어가는데 프랑스의 소르본 대학, 독일의 베를린 대학은 순위에 없습니다.

물론 대학 순위를 매기는 것이 잘못됐다는 얘기는 아닙니다. 그리고 프랑스, 독일이 더 훌륭하다고 말하려는 것도 아닙니다. 제가 하고 싶은 말은 그만큼 기본적인 정서가 다르다는 겁니다. 그래서 우리가 서양이라고 총칭하지만 미국과 유럽의 정서가 다르고, 같은 유럽 내에서도 영국과 유럽 대륙 국가들이 다릅니다. 기본 정서가 다르기 때문에 문제에 대한 접근 방법도 다를 수밖에 없습니다. 그러니까 미국 입장에서는 피케티가 생소한데도 대단해 보일 수 있고, 거꾸로 프랑스나 유럽 대륙의 사람들에게서는 미국에서와 같은 큰 반향을 불러일으키지 못하는 것입니다. 유럽에서는 '이럴 수도 있겠구나' 하는 정도인데, 미국에서는 깜짝 놀란 겁니다.

그래서 사람들이 피케티에 대해 이런 무식한 말도 합니다. '프랑스에서는 취급도 못 받다가 미국에서 갑자기 떴다'라고 말입니다. 이건 정말 유치한 생각입니다. 프랑스에서 인정을 못 받은 것이 아니라, 늘 하던 방법론이고 또 그걸 통해서 본격적으로 불평등의 문제와 경제적 문제로 발전시킨 것이 피케티의 연구 업적입니다. 그리고 프랑스에서 방법론보다는 결과를 인정해준 겁니다. 반대로 미국에서는 결과는 그럴 수 있다고 생각하는데, 그 방법이 신선하게 여겨졌던 것이고요. 이런 차이를 이해한다면 그런 유치한 비판이 나오지 않겠죠.

역사를 보는
새로운 관점,
아날학파

앞에서 2명의 미국 주류 경제학자와 2명의 프랑스 학자를 살펴보았습니다. 이 정도만으로도 어떻게 다른지 대충 감을 잡았을 겁니다. 솔로와 쿠즈네츠는 경제학의 개념을 양화시킨 사람들입니다. 반면 브로델과 페브르는 그런 게 아니라 역사학에서 결론을 이끌어내고자 했습니다. 그리고 이 사람들을 중심으로 역사를 새롭게 바라보는 시각이

사 건 탐 구

아날학파 Annales School

1929년 뤼시앵 페브르와 마르크 블로크가 창간한 『사회경제사 연보』를 중심으로 활동한 역사학자들을 일컬어 아날학파라고 한다. 이들은 지나치게 사료에만 집착하는 전통 사학을 비판하며, 인간의 삶에 관한 모든 학문 분야를 통합하여 연구했다.

『삼국사기』와 『삼국유사』

『삼국사기三國史記』 : 고려 시대에 김부식이 인종의 명으로 편찬한 삼국시대의 기록을 담은 역사서. 본기 28권, 지 9권, 표 3권, 열전 10권으로 이루어졌다.

『삼국유사三國遺事』 : 고려의 승려 일연이 편찬한 책으로 삼국의 유사遺事를 모아 지었다.

나타나는데, 바로 아날학파입니다. 아날학파의 '아날annales'은 '연대기'라는 뜻입니다. 쉽게 풀면 '매년 기록을 하는' 정도일 것입니다. 그러니까 아날학파는 '매년 기록하는 학파' 정도로 풀이할 수 있겠네요. 역사를 매년 기록한다는 것은 어떤 의미일까요?

우리나라의 대표적인 역사서가 있습니다. 바로 『삼국사기』와 『삼국유사』입니다. 예전에는 두 책을 비교하는 시험문제도 자주 출제되어서, 저작 연도, 저자, 특징을 달달 외우기도 했습니다. 기억을 더듬어 보면, 책의 특징으로 『삼국사기』는 기전체로 서술됨'이라고 외운 기억이 있을 겁니다. 기전체가 뭔지는 제대로 안 배웠지만 들어본 적은 있을 겁니다.

현재 우리나라에서 기전체 방식을 쓰는 역사학자로 누가 있을까요? 아무도 없습니다. 있을 수가 없죠. 기전체는 왕조 때나 가능한 겁니다. 사실 정확하게는 우리나라에는 기전체가 나올 수 없습니다. 『삼국사기』도 정확하게는 '기전체에 가까운 책'이라고 하는 것이 맞습니다. 기전체는 '황제'의 역사를 기록하는 것입니다. 그러니까 우리는 기전체가 없는 거죠. 우리 역사에서 황제는 중국이기 때문입니다.

기전체는 본기本紀, 세가世家, 표表, 지志, 열전列傳으로 구성됩니다. 본기는 황제의 역사입니다. 세가는 봉건의 왕, 제후의 역사입니다. 열전은 신하의 역사입니다. 그리고 제도, 문물, 경제, 자연현상 등을 쓴 것이 지와 표입니다. 지금은 누가 이렇게 쓰겠습니까? 역사 기록을 할때 '대통령은 오늘 뭐뭐 하셨다. 일곱 시간 동안 뭐하셨다', '국무총리는 여덟 시간 동안 뭐하셨다' 이렇게 안 씁니다. 그러니까 지금은 기전체가 불가능한 겁니다.

그런데 기전체 방식의 문제가 뭐냐면 우리가 배우는 방법이랑 똑같은 겁니다. 우리는 한국사 따로 공부하고, 세계사 따로 공부했습니다. 이렇게 공부하면 서로 연동이 되지 않습니다. 무슨 말이냐면 세계사에서 어떤 일이 벌어질 때, 우리는 무엇을 했는지 모르는 거죠. 1776년에 미국이 독립전쟁을 할 때, 조선에서는 영조가 죽고 정조가 즉위했습니다. 그런데 이게 딱 떠오르지가 않습니다. 마찬가지로 기전체로 서술된 『삼국사기』도 언제 무슨 일이 어떻게 벌어졌는지를 알 수가 없습니다. 그냥 영웅담만 나오는 겁니다. '우리 왕이 내려오셔서 이걸 했다.' 이런 게 내용의 전부입니다.

열전은 충신에 대한 이야기뿐입니다. 따라서 철저하게 개인주의적 역사관, 영웅주의적 역사관이라고 할 수 있습니다. 또 전형적인 정치 중심의 역사관입니다. 이게 바로 기전체이고, 다르게 말하면 정통 역사입니다. 왜 정통입니까? 옛날에는 황제가 정통이죠. 그래서 『삼국사기』를 정사正史라고 합니다.

반면에 『삼국유사』는 야사野史라고 합니다. 그리고 기사본말체라고 합니다. 기사본말체는 처음과 끝을 의미합니다. 인과관계로 풀어 썼다는 겁니다. 기전체는 인과관계가 없습니다. 그런데 기사본말체는 비록 사실이 아닐지라도 인과관계가 있습니다. '어떤 스님이 한 여인을 사랑하게 되어 너무 슬퍼서 탑을 열심히 돌았답니다.' 이게 바로 탑돌이입니다. 탑돌이가 생긴 원인이 나오는 거죠. '가난한 집에 애가 하나 있었는데 먹을 것이 없어서 버려졌습니다. 그런데 그 아이가 나중에 다시 태어나서 절을 지었습니다'라고 절이 생긴 원인을 밝힙니다.

『삼국유사』는 『삼국사기』보다 비정치적입니다. 나쁘게 말하면 야사가 되는 것이고요. 그리고 영웅적이지 않고, 민중의 생활을 담았다고 이야기합니다. 이게 『삼국사기』와 『삼국유사』의 차이, 그리고 기전체와 기사본말체의 차이입니다.

기사본말체도 당연히 단점이 있습니다. 그래서 기사본말체보다 더 자세하게 실제로 벌어진 일을 보여주는 것이 편년체입니다. 편년체는 역사를 연월일순으로 정리하여 기록하는 것입니다. 편년체로 쓰인 대표적인 기록이 황현의 『매천야록』입니다.

황현은 대단히 보수적인 사람이었습니다. 이분은 나라가 일본에 넘어가자 자살을 했습니다. 그런데 황현은 한 번도 벼슬을 한 적이 없는 사람입니다. 나라의 녹봉을 받아본 적이 없죠. 그래서 자신이 죽

■ 인물 탐구

황현
黃玹

1855～1910

조선 후기의 학자. 본관은 장수長水. 자는 운경雲卿. 호는 매천梅泉이다.
1910년 일제에 국권을 빼앗긴 것을 통분하여 자결했다. 그는 자결하기 전에 4편의 「절명시絶命詩」를 남겼다. 이 시는 『경남일보』에 실렸으며, 경남일보 필화 사건의 원인이 되었다. 『매천야록』은 황현이 남긴 기록으로 우리나라 근세사 연구에 귀중한 자료다.

어야 할 의리는 없다고 했습니다. 하지만 자신은 선비이고 국가가 500년이나 선비를 길러왔다고 하면서, 나라가 망했는데 죽는 선비가 하나도 없다면 부끄럽고 원통한 일이라고 하면서 스스로 목숨을 끊었습니다. 그리고 이 소식을 들은 한 화가가 생전에 찍어놓은 사진을 보고 황현 선생을 그렸는데, 그것이 바로 유명한 황현 선생의 초상화입니다.

아래가 『매천야록』의 기록입니다. 전형적인 편년체입니다. 황현 선생이 대단한 게 1864년부터 1910년까지 일어난 일들을 날짜별로 정리를 했습니다. 예문에 나온 것처럼 고종 32년 8월 2일에 무슨 일이 있었다는 것을 적어놓았습니다. 물론 잘못된 기록도 많지만 매일

사 건 탐 구

『매천야록』 2권
1859년(고종 32년 8월 2일)

왜국 공사 삼포오루三浦梧樓(미우라 고로)가 대궐에 침입했다.
왕후 민씨가 시해되고, 궁내부대신 이경직과 대대장 홍계훈이 적에게 대항하다가 죽었다.
왕후는 오랫동안 정사에 참여하지 못하다가 (왜국 공사) 정상형에게 많은 뇌물을 주어 임금에게 정권을 돌려주도록 했다.
그러나 궁에 들어앉아 예전처럼 권세를 부리려고 했으므로 박영효가 미워하여 지난 5월에 음모를 꾸민 것이었다.
(신임 공사)삼포오루는 박영효가 왕후 시해를 노린다는 말을 익히 들었다.

역사를 보는 새로운 관점, 아날학파

기록을 해나갔습니다. 브로델하고 똑같습니다. 모든 일을 매일 일기처럼 기록했습니다. 그러니까 이 시대에 무슨 일이 벌어졌는지 제대로 알 수가 있습니다. 이게 바로 편년체, 영어로 'annual'입니다.

아날학파는 역사를 바꿔놓은 겁니다. 이전의 역사가 정치, 개인, 영웅 중심이었다면 이걸 뒤집어버린 겁니다. 역사의 주체를 영웅이 아니라 민중, 개인이 아니라 다수, 계층, 계급, 집단으로 바꾼 겁니다. 정치가 아니라 보통 사람들의 생활을 역사로 보고 연구한 사람들이 바로 아날학파입니다. 그래서 피케티는 솔로나 쿠즈네츠보다 브로델과 페브르를 더 존경하고, 그들의 방법론을 따랐던 겁니다.

어떤 사람의 연구 결과인 책을 이해하기 위해서는 그 사람의 학문적 준거집단을 봐야 합니다. 어떤 걸 목표로 하고 있으며, 누구를 따르고 있는지를 알면 훨씬 더 이해하기가 수월해집니다.

자유로운 시장경제 체제에서 저마다 이윤 창출을 위해서 경쟁하는 것이 애덤 스미스의 자본주의입니다. 우리가 배운 자본주의의 핵심은 바로 경쟁입니다.

미시적인 일상사로부터 거대한 담론을 이끌어내는 겁니다. 이런 맥락에서 『21세기 자본』 역시 많은 통계 자료와 도표를 통해서 아주 일상적이고 사소해 보이지만, 거기서부터 '글로벌 자본세'라는 거대한 담론을 도출하는 겁니다. 기존의 경제학하고는 완전히 다른 접근입니다.

우리가 서양이라고 총칭하지만 미국과 유럽의 정서가 다르고, 같은 유럽 내에서도 영국과 유럽 대륙 국가들이 다릅니다. 기본 정서가 다르기 때문에 문제에 대한 접근 방법도 굉장히 다를 수밖에 없습니다.

아날학파는 역사를 바꿔놓은 겁니다. 이전의 역사가 정치, 개인, 영웅 중심이었다면 이걸 뒤집어버린 겁니다. 역사의 주체를 영웅이 아니라 민중, 개인이 아니라 다수, 계층, 계급, 집단으로 바꾼 겁니다. 정치가 아니라 보통 사람들의 생활을 역사로 보고 연구한 사람들이 바로 아날학파입니다. 그래서 피케티는 솔로나 쿠즈네츠보다 브로델과 페브르를 더 존경하고, 그들의 방법론을 따랐던 겁니다.

3장

21세기 글로벌 부의 불평등

**사회적 차별은
오직 공익에 바탕을 둘
때만 가능하다.**

1789년 프랑스 혁명 당시
인간과 시민의 권리에 관한
선언 제1조
『21세기 자본』의 첫 문장,
피케티가 하고 싶은 이야기가
여기에……

구조주의

—

세기의 대결. 링에 오른 두 선수가 어떤 행동을 할지 예측하기 위해서는 구조가 필요하다.
하지만 누가 이길지는 아무도 모른다.

아래로부터의 / 역사

이제 본격적으로 피케티의 방법론을 보겠습니다. 피케티는 아날학파의 방법론을 따르고 있습니다. 그래서 피케티의 첫 번째 방법론은 '아래로부터의 역사'라고 표현할 수 있겠습니다. 기존 역사는 위로부터의 역사입니다. 왕으로부터의 역사죠. 하지만 이제 왕이 아니라 민중으로부터의 역사가 되는 겁니다. 그래서 역사를 전복했다는 평가를 받았던 게 바로 아날학파입니다.

『커피의 역사』, 『담배의 역사』 같은 책들이 있잖아요? 이런 책들의 출발점이 바로 아날학파라고 보면 되는데, 지금은 이런 것들이 아주 당연하게 받아들여집니다. 하지만 정통적인 역사관에서는 나올 수가 없습니다. 아날학파는 위로부터의 역사를 아래로부터의 역사로,

소수의 역사를 다수의 역사로 바꾼 사람들입니다.

그런데 아날학파가 단순히 상상력을 발휘해서 쓴 게 아닙니다. 소소한 자료들을 죄다 수집합니다. 예를 들어 '클레오파트라의 코가 조금만 더 높았어도 역사가 바뀌었을 텐데'가 아니라, 당시 이집트와 로마의 사회적·경제적 구조에서 역사를 추론해나가는 겁니다. 그래서 사회적·경제적 구조를 강조합니다. 또 역사학만이 아니라 역사, 정치, 경제를 다 가져다 씁니다. 그리고 이런 방법이 바로 피케티의 방법이기도 합니다.

이런 아날학파의 특징을 알고 피케티의 방법론을 정리하면, 첫 번째는 '아래로부터의 다수'입니다. 쉽게 표현하면 민주주의에 기반했다고 할 수 있습니다. 그래서 피케티의 책에는 민주주의라는 단어가 많이 나옵니다. 다르게 표현하면 아날학파기 표현하는 민중입니다. 두 번째는 소소한 일상사에서 얻는 자료입니다. 이건 다르게 말하면 실증입니다. 실제로 증명하는 것. 그다음으로 구조를 강조합니다. 바로 구조주의를 말하는데, 이 부분이 까다롭게 느껴질 수 있습니다. 그리고 마지막으로 통섭. 경제학이 학문의 여왕이라는 생각을 버리고, 다른 모든 학문과 함께 다양한 방법을 구사합니다. 그래서 통섭적·총체적 학문이 되는 겁니다.

주류 경제학에서 피케티를 가장 비판하는 부분이 바로 '민중적'입니다. 피케티의 정치적·이데올로기적 구조가 바로 민중적입니다. 주류 경제학에서 제일 듣기 싫어하는 단어입니다. 하지만 사실 민중은 학문적으로는 큰 의미가 있는 단어는 아닙니다. 중요한 것은 누구 편에 섰느냐가 아니라 옳고 그름입니다.

그래서 주류 경제학자들 중에서 본질을 보는 사람들은 피케티의 일상사의 자료 이용, 구조주의, 총체적 방법에 초점을 두고 높게 평가하기도 합니다. 반대로 대단히 이념적인 주류 경제학자들은 비판을 합니다. 물론 『21세기 자본』을 읽을 때 누가 칭찬하고 누가 비판하는가는 중요하지 않습니다. 이 책은 민중적이고 실증적이고 구조적이며 총체적이라는 것을 알고 시작하는 것이 중요합니다.

"사회적 차별은 오직 공익에 바탕을 둘 때만 가능하다."
_1789년 프랑스 혁명 당시 인간과 시민의 권리에 관한 선언 제1조

책을 펼치면 제일 먼저 이 문장이 나옵니다. 1000쪽에 달하는 책의 첫 문장을 두고 얼마나 많은 고민을 했겠습니까? 소설가 김훈 선생이 하신 말씀이 있습니다. 첫 문장을 '바람이 분다'로 쓸까 '바람은 분다'로 쓸까, 수도 없이 고민한답니다. 우리는 큰 차이를 못 느끼지만,

첫 문장에 소설가의 영혼이 담겨 있는 것입니다. 첫 문장이기 때문에 그렇습니다. 솔직히 모든 문장을 이렇게 쓸 수는 없습니다. 그랬다면 아마 김훈 선생은 아직 책을 한 권도 못 내셨을 겁니다.

마찬가지로 피케티도 많은 고민을 했을 겁니다. 프랑스 사람이라 이 말을 썼는지 모르지만, 이 한 문장에 '내가 왜 이 책을 썼는지 아세요?'에 대한 답이 나와 있습니다. 피케티는 존 롤스와 같은 입장은 아닙니다. 피케티는 사회적 차별은 가능하지만 선천적 차별은 불가능하다고 생각합니다. 사회적 차별이라는 것은 후천적 차별입니다. 후천적 차별은 가능하지만 선천적 차별은 불가능하다고 보는 게 피케티입니다. 프랑스 인권 선언에도 '모든 인간은 태어날 때부터 평등하다'라고 되어 있습니다. 이 말은 선천적인 차별은 불가능하며 선천적 차별이 있으면 안 된다는 겁니다. 사회주의와의 차이를 보아야 합니다. 사회주의자는 모든 차별은 불가능하다는 것이고, 피케티는 선천적 차별은 불가능하고, 후천적 차별은 가능하다는 겁니다. 그래서 진짜 사회주의자들이 볼 때 피케티는 사회주의자도 빨갱이도 아닙니다. 그런데도 피케티를 사회주의자, 빨갱이로 몰아붙이는 것은 정말 어이없는 일입니다.

어쨌든 피케티가 말하고 싶은 결론이 나왔습니다. '선천적 차별은 불가능하다.' 그런데 사회적 차별은 가능합니다. 단 공익에 바탕을 둘 때만. 피케티는 경제학자입니다. 『21세기 자본』은 경제학 책이죠. 그러면 선천적 차별, 사회적 차별이 갖는 경제학적 의미가 무엇인지를 보면 됩니다.

책의 소제목 중에 핵심 질문이라고 써놓고 '노동이냐 유산이냐'라고 묻는 부분이 있습니다. 여기에서 유산이 바로 선천적 차별입니다. 이건 안 된다는 겁니다. 노동에 의해서 이루어진 차별만 가능하다는 겁니다. 노동에 의해서 이루어진 차별이 사회적 차별입니다. 그런데 노동에 의해서 이루어진 차별도 공익에 바탕을 둘 때만 가능하다는 것이 피케티가 말하고 싶은 바입니다. '유산을 많이 받아서 부자가 되는 사회는 나쁜 사회야. 그렇다고 사람이 다 평등해야 하는 건 아니야. 경제적인 불평등은 가능하고, 노동에 따른 차별이 있을 수밖에 없는데, 그것은 오직 공익에 기반을 둘 때만 가능한 거야. 그게 프랑스 혁명이고 근대적 부르주아 혁명과 자유주의의 핵심 이론이고, 나는 자유주의적·부르주아적 시민혁명의 가치를 지금 이 땅에 실현하고자 하는 피케티야'라고 말하고 있는 겁니다.

그러면 선천적 차별이 있어서는 안 되는 이유를 자료를 통해 보겠습니다. 세계 최상위 1억 분위 부자, 2000만 분위 부자, 세계 성인

세계 최상위 부의 증가율(1987~2013)	
	연평균 실질증가율 (물가상승률을 뺀 후 %)
세계 최상위 1억 분위 부자	6.8%
세계 최상위 2000만 분위 부자	6.4%
세계 성인 1인당 평균 자산	2.1%
세계 성인 1인당 평균 소득	1.4%
세계 성인 인구	1.9%
세계 GDP	3.3%

출처: 『21세기 자본』

평균의 실질적인 재산의 증가율을 보는 겁니다. 얼마 전 뉴욕 월스트리트에서 '월가를 점령하라'는 대규모 시위가 있었습니다. 그때 구호가 '1퍼센트와 99퍼센트의 사회'였습니다. 이때 사람들이 뭘 그렇게 극단적으로 나누냐고 했습니다. 이때 피케티가 말합니다. 프랑스 혁명 당시 제1계급과 제3계급의 계급 분위별 차이가 그랬다는 겁니다. 제1계급은 성직자이고, 제3계급이 부르주아입니다. 노동자와 농민을 빼고서도 부르주아가 99퍼센트일 때, 성직자가 1퍼센트밖에 안 됐다는 거죠. 그때 제3계급에게도 투표권을 달라, 제1계급에도 과세하라와 같은 주장에 대해서는 어떤 경제학자도 이런 구호가 프랑스의 균열을 가져왔다고 하지 않습니다. 그런데 월스트리트의 시위를 두고 사회 분

아래로부터의 역사

열을 조장한다는 주장은 모순이라는 것이 피케티의 의견입니다. 피케티는 정말 똑똑한 사람입니다. 그냥 귀염둥이가 아니에요.

그래서 피케티가 말하는 '아래로부터의 다수'는 사회주의 프롤레타리아의 개념이 아닙니다. 이것을 오해하면 안 됩니다. 프랑스 시민혁명에 준거점을 두고 있는 겁니다. 프랑스 시민혁명을 우리는 부르주아 혁명이라고 합니다. 그래서 피케티의 시각은 자유주의적·부르주아적 개념을 기본으로 거기에서 약간 더 왼쪽으로 기운 정도라고 보는 것이 맞습니다.

소소한 / 일상사로부터

두 번째 피케티의 방법론인 일상사의 자료. 『21세기 자본』은 굉장히 많은 분량의 자료를 소개하고 있고, 주석도 어마어마하게 많습니다. 제가 세어보니 666개입니다. 주석이 666개라는 건 정말 대단한 겁니다. 보통 두꺼운 책들은 조교가 쓴 것 같은 티가 나는데, 이 책은 전혀 그런 느낌이 없습니다. 피케티가 직접 애쓰고 노력해서 쓴 노작勞作입니다.

스페인의 세금은 과세 대상 자산이 70만 유로를 초과하는 경우에 (거주 주택에 대해 30만 유로를 공제한 후) 과세하며, 최고 세율은 2.5퍼센트(카탈루냐에서는 2.75퍼센트)다. 또한 스위스에는 연간 자본세가 있는데 이는 주 사이의 경쟁으로 인해 세율이 (1퍼센트 미만으로) 비교적 낮다.

_토마 피케티, 『21세기 자본』, 2014, 글항아리

782쪽에 나오는 주석입니다. 이렇게까지 하지 않아도 될 것 같다는 생각이 들 정도로 자세합니다. 이게 진짜 프로의 자세입니다. 예를 들어 어떤 식당에 갔는데 메뉴판에 소금이 천일염인지 정제염인지, 정제염이면 어느 회사의 제품이고, 몇 그램을 썼는지 등을 써놓은 겁니다.

그다음으로 표와 도표가 115개입니다. 수량도 많지만 내용도 대단합니다. 483쪽에 '1790~2030년에 태어난 집단의 총자원(상속과 노동)에서 상속이 차지하는 비율'이라는 표가 나옵니다. 이런 걸 보고 미국의 주류 경제학자들이 깜짝 놀랍니다. 자신들이 쓰던 방법인데 훨씬 더 자세하고 훌륭하기 때문입니다. 거기다 방법도 신선해서 제대로 된 주류 경제학자라면 피케티와 제대로 된 대화가 가능하겠다고 생각하는 거죠. '우리 불평등에 대해서 한번 이야기해보자'고 할 수 있고, 피케티가 제시한 근거에 대해서는 '이건 조금 다르지 않아? 자본 수익률은 이렇게 계산하는 게 맞지 않겠어?' 하는 반응이 나와야 정상입니다. 그래야 학문이 발전할 수 있습니다. 물론 이런 반응도 있지만, 상식 이하의 비판도 많습니다.

구조주의 / 방법론

이제 피케티의 세 번째 방법론인 사회경제적 구조. 이게 제가 여기에서 중점적으로 말하고자 하는 겁니다. 피케티가 존경한다고 말한 사

인물 탐구

클로드 레비스트로스
Claude Levi-Strauss

프랑스. 1908~2009

인류학자이며 구조주의 이론의 선구자. 무질서해 보이는 사회문화 현상 속에서 일정한 질서를 찾아내려 노력했다. 대표 저서인 『슬픈 열대』에서 "문화는 나라마다 다르지만 더 우월하거나 더 열등하고 야만적인 문화는 없다"라고 단언하여 서구중심주의와 인종주의를 깨는 데 크게 기여했다.

람들 기억하시죠? 그중에서 뤼시앵 페브르와 페르낭 브로델은 아날학파라는 것, 그리고 아날학파에 대해서도 설명했습니다. 그다음으로 언급한 사람이 클로드 레비스트로스입니다. 문화인류학의 창시자라고 불리는 사람입니다. 레비스트로스의 대표적인 저서가 『슬픈 열대』입니다. 맨큐의 책만큼 두꺼운 데다 가격도 비쌉니다. 하지만 아깝다는 생각이 전혀 들지 않습니다. 내용이 쉽지 않지만 사진도 많이 실려 있고 재미있습니다.

그런데 피케티가 언급한 사람들 중에서 클로드 레비스트로스를 시작으로 피에르 부르디외, 프랑수아즈 에리티에, 모리스 고들리에가 모두 문화인류학자입니다. 그리고 그중에서 대장 같은 사람이 바로 레비스트로스입니다. 특히 에리티에는 레비스트로스의 수제자입니다. 어쨌든 피케티가 이들을 존경하는 인물로 밝힌 것은 바로 구조주의와 관련이 있습니다.

인물 탐구

프랑수아즈 에리티에
Françoise Heritier

프랑스, 1933~

인류학자이자 민속학자, 여성운동가. 콜레주 드 프랑스 명예교수이며, 레비스트로스 교수의 수제자다.

페르디낭 드 소쉬르
Ferdinand de Saussure

스위스, 1857~1913

언어학자. 인도 및 유럽의 비교 언어학 분야에서 탁월한 업적을 남겼다. 또한 소쉬르의 연구는 언어학을 초월하여 구조주의의 초석이 된 것으로 평가받는다.

루이 알튀세르
Louis Althusser

프랑스, 1918~1990

알제리 태생의 프랑스 철학자로 마르크스 사상에 구조주의적 해석을 덧붙인 것으로 유명하다. 프랑스 공산당원이었으며, 스스로 계급투쟁을 실천하기도 했다. 1965년에 『마르크스를 위하여』를 출간했다.

보통 구조주의 하면 가장 먼저 떠올리는 이름이 언어학자인 소쉬르나 마르크스주의 철학자 알튀세르입니다. 그리고 레비스트로스가 문화인류학자이면서 아주 유명한 구조주의 학자입니다.

우리는 레비스트로스 하면 하나만 떠올리지 않습니까? 청바지. 리바이스 청바지를 만든 사람의 이름과 철자가 같습니다. 그래서 미국에서는 레비스트로스라고 하면 'The pants or The books'라고 물어본다고 합니다. 청바지를 만든 레비스트로스인지 문화인류학자 레비스트로스인지 묻는 거죠. 그만큼 유명한 학자입니다.

본격적으로 구조주의로 들어가겠습니다. 구조주의란 단어를 처음 들어보는 분은 없을 테지만 구조주의가 무엇인지를 제대로 알지는 못합니다. 구조 하면 제일 먼저 마르크스를 생각합니다. 마르크스는 하부구조가 상부구조를 결정한다고 했습니다. 그럼 이게 구조주의라고 생각할 수 있는데, 사실 마르크스의 이 말을 비판하는 것이 구조주의라고 할 수 있습니다.

마르크스는 '풍차는 봉건주의를 만들고, 증기기관은 자본주의를 만들었다'라고 했습니다. 여기서 풍차와 증기기관은 생산력을 말합니다. 그리고 봉건주의와 자본주의는 생산관계입니다. 즉 생산력이 생산관계를 만들었다는 겁니다. 하부구조 중에서도 더 아래에 있는 하부구조가 그 위를 결정했다는 말인데, 이걸 구조주의라고 했을 때 알튀세르 같은 사람이 그걸 비판합니다. 큰 틀에서는 구조주의로 볼 수 있지만, 자칫 경제결정론으로 갈 수 있다는 겁니다. 경제결정론은 또 뭔가요? 경제가 모든 것을 결정한다는 것인데, 구조주의와는 또 어떻게 다른지 보겠습니다.

　필리핀에 매니 파퀴아오라는 복싱 영웅이 있습니다. 그리고 링이 있습니다. 링이 바로 주어진 구조입니다. 여기서 중요한 건 링입니다. 링을 보여주기 전에는 파퀴아오가 어떤 행동을 할지 예측할 수가 없습니다. 하지만 링이라는 구조를 보여주는 순간 파퀴아오가 복싱이라는 행동을 할 것이라고 예측할 수가 있습니다. 이게 구조주의입니다. 인간의 행동을 예측하기 위해서 구조가 뭔가를 보자는 겁니다. 구조를 파악하고 그다음 행동을 예측하고 파악하는 겁니다.

　그런데 구조주의는 경제결정론을 비판하면서 등장했다고 했습니다. 예를 들어 파퀴아오와 메이웨더가 세기의 대결을 벌일 예정입니다. 둘 다 21세기를 대표하는 권투 선수입니다. 그런데 주어진 건 링에서 두 사람이 싸울 거라는 것밖에는 없습니다. 이게 구조입니다. 파퀴아오가 메이웨더를 물어뜯을까요? 낭심을 가격하고 목을 조를까요? 안 하겠죠. 이게 구조입니다. 복싱에서는 그런 행동이 금지되어 있기 때문입니다. 3분 경기하고 1분 더 경기를 할까요, 쉬고 있을까요? 쉬고 있을 겁니다. 이게 구조입니다. 정해졌다는 거죠. 그 구조의 틀을 알자는 겁니다.

링이나 복싱의 규칙 같은 구조가 정해져 있으면, 그다음 그 안에서의 행동을 예측합니다. 팔은 누가 더 긴지, 경기 경험은 누가 더 많은지, 오른손잡이인지 왼손잡이인지, 컨디션은 어떤지를 알아보는 겁니다. 파퀴아오는 키가 작고 훅이 강한 데 비해, 메이웨더는 키가 크고 잽이 좋습니다. 그러면 파퀴아오는 가까이 붙어서 훅으로 승부하려고 할 것이고, 메이웨더는 빠지고 잽을 날리면서 경기를 풀어갈 것입니다. 그런데 최근 컨디션은 누가 더 좋으니까 이길 거라고 예측하는 것이 바로 동학動學입니다. 두 사람의 행동을 이해하기 위해서는 구조를 알아야 하고, 정해진 구조 안에서 전개될 구체적 동학을 알아야 한다는 겁니다. 구조주의와 경제결정론의 차이는, 구조주의자들은 구조만 주어질 뿐 동학은 바뀌어갈 수 있다고 보는 겁니다. 그래서 '動(움직일 동)'을 쓰는 겁니다.

다른 예를 들어볼까요. 결혼 적령기가 된 남자가 있습니다. 이 남자는 남중, 남고, 공대를 나왔고 회사도 다 남자고, 아는 여자라고는 엄마뿐이에요. 편의점에서 여자 직원만 봐도 떨려서 찾는 물건을 물어보지도 못합니다. 그런데 결혼은 해야겠고, 그래서 맞선을 볼 겁니다. 이 남자는 현재 상태로는 연애결혼을 하기가 어렵습니다. 그런데 우리나라에는 독특하게도 결혼중개 업체가 있습니다. 이게 구조입니다. 이 남자는 결혼할 때 다른 나라와는 다르게 중매를 통해 결혼할 거라는 거, 이게 구조입니다. 한국의 결혼제도 구조는 다른 나라와 다르게 자본주의 시장의 논리가 들어와 있습니다. 결혼시장이 형성되어 있다는 거죠. 이게 한국의 결혼시장 구조입니다. 그 구조를 밝혀내지 못하면 이 남자의 행동을 예측할 수가 없습니다. 그래서 구조주의자는 그 사람이 놓인 구조에 초점을 맞추는 겁니다.

그런데 아무리 맞선을 봐도 결혼을 못 할 수도 있죠. 하지만 경제결정론은, 결혼중개 회사는 무조건 될 때까지 맞선을 보게 해주니까 반드시 결혼을 할 거라고 해버리는 겁니다. 이렇게 결정할 수는 없죠. 거긴 동학이 있는 겁니다. 맞선은 보겠지만 여러 가지 이유로 안 될 수도 있고, 될 수도 있고, 되더라도 101번 보고 짝을 만날 수도 있습니다. 그래서 구조주의가 경제결정론을 비판하는 핵심은 이겁니다. 구조주의자는 구조만 찾아내고 구조 안에서 여러 가지 변할 수 있는 상황을 예측하지만, 경제결정론은 마치 모든 게 다 결정된 것처럼 이야기한다는 겁니다.

그러면 문화인류학에서는 왜 구조주의를 택했을까요? 원시인을 살펴본다고 합시다. 제가 이런 비교를 한 적이 있는데 저하고 애덤 스미스가 있으면 자본주의에 대해서 누가 더 많이 알까요? 당연히 애덤 스미스입니다. 애덤 스미스는 자본주의가 탄생할 때 살았던 사람이고, 저는 자본주의가 이미 성숙한 다음에 살았습니다. 자본주의가 태어나는 걸 못 봤기 때문에 자본주의를 제대로 아는 데 한계가 있겠죠.

문화인류학도 똑같이 인간을 분석하기 위해서 이미 완전히 사회화된 인간보다는 비교적 사회화가 덜 된 인간을 볼 때 제대로 이해할 수 있다고 보는 겁니다. 그래서 원시인들을 찾아보는 겁니다. 남자 원시인과 여자 원시인이 있다면, 이들의 행동을 예측하기 위해서는 혼인제도라는 구조가 있는지 없는지부터 살펴봐야 합니다. 그게 문화인류학입니다. 혼인제도가 있으면 일부일처 구조인지 일부다처 구조인지 알아야 합니다. 그래야 그들의 행동을 이해할 수 있겠죠. 그 구조만 파악하고 관찰하는 겁니다. 그리고 관찰하는 과정에서 동학이 나오는 겁니다. 구조주의는 구조와 동학을 밝히는 것입니다. 구조가 있다고 해서 모든 것이 결정된다는 것이 아닙니다.

『21세기 자본』 목차

제1부 : 소득과 자본

  제1장 소득과 생산

  제2장 성장 : 환상과 현실

제2부 : 자본/소득 비율의 동학

  제3장 자본의 변신

  제4장 구유럽에서 신대륙으로

  제5장 자본/소득 비율의 장기적 추이

  제6장 21세기 자본-노동의 소득 분배

제3부 : 불평등의 구조

  제7장 불평등과 집중 : 기본적 지표

  제8장 두 개의 세계

  제9장 노동소득의 불평등

  제10장 자본 소유의 불평등

  제11장 장기적으로 본 능력과 상속

  제12장 21세기 글로벌 부의 이동

제4부 : 21세기의 자본 규제

  제13장 21세기를 위한 국가

  제14장 누진적 소득세를 다시 생각한다

  제15장 글로벌 자본세

  제16장 공공부채의 문제

구조주의 방법론

『21세기 자본』의 목차입니다. 평범해 보이지만 평범한 게 아닙니다. 이 책에서 피케티가 기본적으로 다루는 것은 '불평등'입니다. 불평등의 문제를 다루고 있습니다. 마르크스와 똑같습니다. 그래서 난리가 난 겁니다. 제3부 제목은 '불평등의 구조'입니다. 제2부 제목은 '자본/소득 비율의 동학'입니다. 구조주의죠. 불평등이란 링이 어떻게 생겼느냐, 링에 오른 선수인 자본과 소득이 어떻게 싸울 것인가, 리치는 누가 길고 어퍼컷은 누가 잘 쓰는가, 이런 걸 파악하는 겁니다.

그러니까 구조주의나 아날학파를 이해하지 않고 피케티를 읽는 것은 정말 어려운 일입니다. 『정의란 무엇인가』의 경우도 공리주의, 칸트 등에 대한 이해가 없으면 저자인 마이클 샌델도 이해하지 못하는 겁니다. 피케티도 똑같습니다. 그래서 경제학과를 나왔어도 『21세기 자본』을 읽고 이해하지 못하는 겁니다. 구조주의에 대한 배경지식이 없기 때문에 어려운 겁니다. 물론 구조주의 방법론이 모든 학문에서 좋은 것은 아닙니다. 하지만 특히 문화인류학에서 가장 많이 사용합니다. 사람의 행동을 예측할 때 쓰는 거죠.

예를 들어 17세 청소년을 만났습니다. 그러면 대한민국의 입시 구조를 봅니다. 그래야 이 청소년이 어떻게 행동할지 예측할 수 있습니다. 이런 식으로 구조를 밝히고 동학을 보는 것이 구조주의이고, 특히 문화인류학 연구에 유용하다는 것을 알고 있으면 됩니다.

총체적 / 학문

피케티가 언급한 또 다른 학자, 피에르 부르디외는 1990년대 프랑스에서 굉장히 유명했던 포스트모더니즘을 이끈 사회철학자입니다. 에

리티에는 여성학자이면서 문화인류학자이고, 고들리에는 문화인류학자입니다. 그러니까 피케티는 경제학, 역사학, 문화인류학, 사회학, 철학, 여성학을 다 가져와서 연구한 겁니다. 통섭적 또는 총체적 학문을 하는 사람이고, 이런 특징이 『21세기 자본』에도 고스란히 드러나고 있습니다.

나는 '경제과학'이라는 표현을 싫어한다. 이 표현은 경제학이 다른 사회과학 분야보다 더 높은 과학적 지위를 얻었다는 것을 내비치기 때문에 대단히 오만하다는 느낌이 든다. 나는 '정치경제학'이라는 표현을 훨씬 더 좋아한다. 이 표현은 다소 낡았다는 느낌을 줄 수 있지만 내 생각에는 경제학과 다른 사회과학 분야를 구분하는 유일한 차이가 경제학

은 정치적이고 규범적이며 도덕적 목적을 지닌다는 데 있음
을 말해주는 것 같다.

_토마 피케티, 『21세기 자본』, 2014, 글항아리

피케티가 책에서 말한 내용을 보겠습니다. 경제과학이라는 말에
서 '과'만 빼면 경제학입니다. 피케티는 이 표현이 싫다고 합니다. 경제
학이 학문의 여왕이라는 것으로 대단히 오만한 발상이라는 겁니다.
특히 과학이라는 표현은 다른 학문은 과학적이지 못하다는 겁니다.
다른 학문은 계량화되어 있지 않고, 실제화가 안 되고, 수리적 모형이
없기 때문에 과학이 아니라는 겁니다. 과학이 아니기 때문에 경제학보
다 한 수 아래, 부속적인 학문이라는 겁니다. 하지만 다른 학과에 나
오는 비판에 대해서는 일절 대응도 하지 못하면서, 본인들은 못 하는
것이 아니라 안 하는 것이라고 생각하죠. 그래서 오만하다는 겁니다.

피케티는 '정치경제학'이라는 표현을 선호한다고 했습니다. 그런
데 이 표현을 마르크스가 많이 썼습니다. 이것만 보고 피케티를 빨갱
이, 요즘 우리나라 말로 바꾸면 종북이라고 몰아붙이는 거죠. 그런데
'정치경제학'이란 표현을 마르크스만 쓴 것이 아닙니다. 애덤 스미스나
데이비드 리카도 역시 '정치경제학'이라고 했습니다. 정치와 경제를 같
이 바라보고 분석하는 학문입니다.

제가 강의할 때도 몇 번 말씀드렸지만 경제가 순수한 경제 문제로 결정된 적이 한 번이라도 있었습니까? 그런 나라는 없습니다. 그리고 피케티는 마지막으로 경제학은 '정치적이고 규범적이며 도덕적 목적을 지녀야 한다'고 말합니다. 그러니까 피케티는 윤리적인 부분까지 고려하고 있는 겁니다. 이것이 바로 제가 말씀드리고 싶은 피케티의 본질입니다.

피케티의 첫 번째 방법론은
'아래로부터의 역사'입니다.
기존 역사는 위로부터의 역사입니다.
왕으로부터의 역사죠.
하지만 이제 왕이 아니라 민중으로부터의
역사가 되는 겁니다.

노동에 의해서 이루어진 차별만 가능하다는 겁니다.
노동에 의해서 이루어진 차별이 사회적 차별입니다.
그런데 노동에 의해서 이루어진 차별도 공익에
바탕을 둘 때만 가능하다는 것이 피케티가
말하고 싶은 겁니다.

구조주의가 경제결정론을 비판하는 핵심은
이겁니다. 구조주의자는 구조만 찾아내고
구조 안에서 여러 가지 변할 수 있는 상황을
예측하지만, 경제결정론은 마치 모든 게 다
결정된 것처럼 이야기한다는 겁니다.

정치와 경제를 같이 바라보고 분석합니다. 제가
강의할 때도 몇 번 말씀드렸지만 경제가 순수한
경제 문제로 결정된 적이 한 번이라도 있었습니까?
그런 나라는 없습니다. 그리고 피케티는 마지막으로
경제학은 '정치적이고 규범적이며 도덕적 목적을
지녀야 한다'고 말합니다. 그러니까 피케티는
윤리적인 부분까지 고려하고 있는 겁니다. 이것이
바로 제가 말씀드리고 싶은 피케티의 본질입니다.

쿠즈네츠를
뒤집다

4장 미리 보기

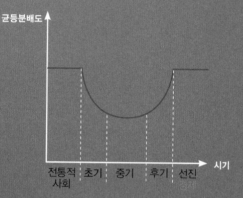

사이먼 쿠즈네츠

—

"세상은 결국 평등하게 갈 것이다."

정말 쿠즈네츠의 말대로
세상이 변하고 있는 것일까?
쿠즈네츠가 보지 못한 것은 무엇일까?

토마 피케티

사회가 평등해지는 것은 산업 부문 간의 평화로운
이동 때문이 아니라 두 번에 걸친 세계대전 때문이다.

부의
불평등

그래프를 하나 보겠습니다. 세계의 경제성장률을 도식화한 겁니다. 세기적 발견이라고 하는데 아래 선은 경제성장률입니다. 산업혁명이 일어난 18세기의 수치를 보면 알겠지만, 산업혁명이 일어나고 나서도 영국의 경제성장률은 1퍼센트를 넘지 못했습니다. 위의 선은 자본수익률입니다. 자본수익률이란 간단하게 생각하면 100원이 있으면 1년에 얼마나 버는지를 나타낸 겁니다. 100원 있으면 1년에 이자가 4퍼센트다 이거죠.

　　이 도표에서 피케티가 말하고 싶은 건 이겁니다. '경제성장률은 결코 자본수익률을 뛰어넘지 못한다.' 이 말의 의미는 이렇습니다. 경제 성장은 노동을 통해서 얻어지는 겁니다. 자본수익은 쉽게 말하면 불로소득입니다. 그러면 노동소득보다 불로소득이 많았다는 겁니다.

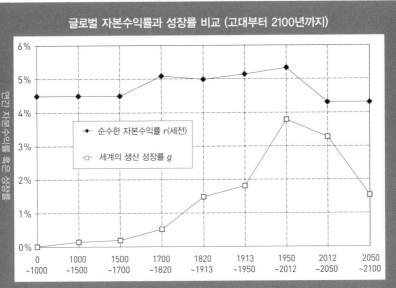

글로벌 자본수익률과 성장률 비교 (고대부터 2100년까지)

자본수익률(세전)은 항상 세계의 성장률보다 높았지만 20세기에 그 격차가 줄어들었고 21세기에 다시 차이가 벌어질 수 있다.

출처 및 통계: piketty.pse.ens.fr/capital21c
『21세기 자본』

이 말은 결국 빈부 격차가 심화되었다는 것이고, 따라서 부의 불평등이 심화되었다는 것을 의미합니다. 부의 불평등이 심화되었다는 것을 고대부터 가까운 미래까지 도식화하여 증명한 것이 피케티입니다.

특히 우리가 주목해야 할 지점이 있습니다. '1913~1950년', '1950~2012년' 사이의 지점입니다. 1913년부터 1950년 사이에 경제

자본수익률
return of capital

기업자본이 얼마나 효율적으로 운용되었는가를 나타내는 백분율로 기업 수익성을 판단하는 지표로 사용된다.

자본수익률 = 이익/자본 × 100

성장률과 자본수익률의 격차가 줄어들다가 다시 격차가 커지고 있습니다.

이것을 보기 위해서 피케티는 3세기 동안의 '소득 데이터'를 활용했습니다. '소득 데이터'는 양적인 지표입니다. 양적 지표를 주로 활용하는 쪽은 주류 경제학자입니다. 그런데 피케티는 주류 경제학의 방법으로 주류 경제학을 끝장낸 겁니다. 피케티가 뛰어넘은 첫 번째가 바로 쿠즈네츠입니다.

앞에서도 언급했지만 경제학에 관심이 있는 사람 쿠즈네츠를 대부분 알고 있을 겁니다. 쿠즈네츠의 공헌은 딱 두 가지입니다. 하나가 바로 GDP 개념입니다. 지금도 GDP를 쓰고 있는데, 이 GDP 개념을 만든 사람이 바로 쿠즈네츠입니다.

GDP Gross Domestic Product

국내총생산을 뜻하는 것으로, 국적과 관계없이 국경 내에서 이루어진 생산활동을 말한다. 1934년 미국 경제학자 쿠즈네츠에 의해 처음 제시되었으며, 국민소득 수준을 나타내는 대표적인 경제지표로 사용되고 있다.

GDP를 만든 이유는 뭘까요? 쿠즈네츠가 활동하던 시대에 미국에서 경제 공황이 터집니다. 그래서 공황이 어느 정도인지 측정해보자는 거죠. 만약 지금 공황이 터지면 어느 정도로 심각한 건지 알 수가 있습니다. 경제학에서는 기본적으로 전 분기 대비 2분기 연속 마이너스 경제 성장을 기록할 때 불황의 시작이라고 봅니다. 그런데 이걸 알기 위해서는 뭐가 있어야 하죠? GDP가 있어야 합니다. 예전에는 GDP 개념이 없기 때문에 공황이 발생해도 경제가 얼마나 나빠졌는지를 수치로 확인할 수가 없었습니다.

쉽게 말하면 내가 열이 있는지 없는지를 알려면 어떻게 합니까? 체온계를 사용해서 체온을 재야 합니다. 체온을 재서 36.5도가 넘으면 해열제를 먹을지, 참고 기다릴지 아니면 병원에 갈지를 결정합니다. 그런데 체온계가 없으면 체온을 정확하게 잴 수가 없습니다. 그러면 열이 나는 건지 아닌지 정확하게 판단하지 못합니다. 마찬가지입니다. 공황으로 인해 불경기에 접어들었는데 그걸 정확하게 판단할 방법이 없었던 겁니다. 이때 그 기준을 세우고 측정할 수 있는 경제 체온계를 만든 것이 쿠즈네츠입니다. 대단한 업적을 세운 거죠. 공황이 터지자 미국 상무성으로부터 용역을 받고 경제가 얼마나 나빠진 건지를 알 수 있는 지표를 만들었습니다.

그런데 재미있는 현상이 벌어집니다. 체온계는 목표예요, 수단이에요? 열을 재기 위한 수단입니다. 마찬가지로 GDP도 수단입니다. 그런데 지금 우리나라의 경제 목표가 뭐죠? GDP 4만 달러가 목표입니다. 원래 GDP는 수단이었는데 이제는 목표가 되어버린 겁니다. 이걸 사회학에서는 목적전치 목적전도라고 합니다. 웃기는 상황이죠. GDP 증가율은 원래는 하나의 경제지표였습니다. 그런데 지금은 이것 자체가 목표가 되어버렸습니다. 그래서 로버트 케네디는 '쿠즈네츠의 국민소득계정은 모든 것을 다 측정한다. 삶을 가치 있게 만드는 것만 빼고'라는 신랄한 비판을 했던 겁니다.

쿠즈네츠
곡선

우리가 배울 것은 쿠즈네츠의 첫 번째 성과인 GDP가 아닙니다. 쿠즈

네츠의 두 번째 연구 성과, 경제를 공부할 때 꼭 나오는 건데, 쿠즈네

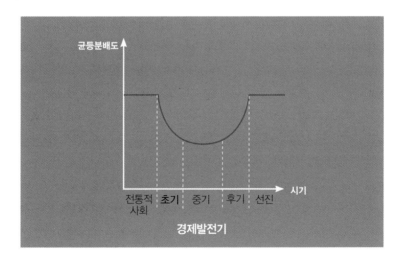

츠가 미국경제학회 회장을 맡고 있던 1955년에 발표한 '쿠즈네츠 U자형 가설'이라는 아주 유명한 이론입니다.

원시 시대에는 사회가 굉장히 평등했습니다. 산업화 이전에는 기본적으로 다 평등합니다. 귀족과 평민이 엄청나게 불평등한 시대라고 생각하기 쉽지만, 사실 '압정사회'는 굉장히 평등한 사회입니다. 극소수의 잘사는 사람과 대다수의 못사는 사람, 압정을 거꾸로 세워놓은 모습을 생각하면 됩니다. 모두 못살기 때문에 불평등을 느끼지 못하는 겁니다. 이런 점에서 보면 북한도 굉장히 평등한 사회입니다. 김정은을 위시한 일부 고위층을 제외하고는 다 못사는 사회, 상대적 빈곤이 없는 사회이기 때문입니다. 그래서 쿠즈네츠는 기본적으로 산업화 이전에는 다 평등한 사회였는데, 산업화가 시작되면서 불평등이 시작되었다고 보는 겁니다. 그러다가 산업화가 어느 정도 이루어지면 점점 평등해지기 시작해서, 산업화가 완전히 이루어지면 평등해진다는 것이 쿠즈네츠의 U자형 가설입니다.

왜 이렇게 생각할까요? 우선 산업화 이전에는 기본적으로 모두 가난했다는 것은 동의하실 겁니다. 그런데 산업화 초기에는 어떨까요? 우리나라를 예로 들면, 산업화가 처음에는 어디에서만 이루어집니까? 경부선을 중심축으로 산업화가 되었다고 합니다. 서울과 부산만 부유해지는 겁니다. 그러니까 빈부 격차가 심해지죠. 그러다가 산업의 영역이 점차 나머지 지역으로 확산됩니다.

이처럼 산업화 초기에는 산업화를 이룬 일부 지역을 중심으로 부유해지면서 산업화가 이루어지지 못한 지역과 빈부 격차가 커지지만, 산업화 후기로 갈수록 다른 지역도 산업화가 이루어지면서 빈부 격차가 줄어든다고 보는 것이 쿠즈네츠입니다. 쿠즈네츠는 지역이라는 표현 대신 다른 산업 부문이라는 표현을 썼습니다. 다른 산업 부문에도 산업화의 영향이 나타나면서 평등해진다는 것이 쿠즈네츠 U

용 어 탐 구

근대화 이론
modernization theory

저발전국의 성장 이론으로 19세기 서구 자본주의 사회의 산업화와 도시화를 그대로 따르면 경제적인 근대화는 물론 모든 면에서 서구 자본주의 국가처럼 발달할 수 있다고 보는 이론이다.

용 어 탐 구

종속이론
dependency theory

개발도상국의 후진성을 설명하는 이론으로 저개발의 원인이 내부적 요인이 아니라 선진국과 저개발국 간의 종속관계에 있는 것으로 본다. 따라서 제3세계의 경제 발전을 위해서는 선진국과의 종속관계를 끊는 것이 선행 과제라고 주장한다. 제2차 세계대전 직후 남미를 중심으로 나온 이론이다.

쿠즈네츠 곡선

자형 가설의 핵심입니다.

그런데 이런 쿠즈네츠의 가설은 하나의 복음과 같은 이야기입니다. 쿠즈네츠 U자형 가설이 근대화 이론의 토대가 됩니다. 제2차 세계대전이 끝나고 나서 식민 지배를 받던 국가들이 해방을 맞습니다. 아시아, 라틴아메리카, 아프리카 국가들이 독립을 했습니다. 이때 두 가지 노선이 있었습니다.

하나는 자주노선으로, 이를 뒷받침하는 대표적인 이론이 종속 이론이었습니다. 선진국과의 고리를 끊어야 경제 발전을 이룰 수 있다는 것으로 남미에서 페르난도 엔리케 카르도소가 주장했습니다.

다른 하나는 시모어 마틴 립셋, 가브리엘 알몬드와 시드니 버바 등이 주장한 근대화 이론입니다. 선진국을 따라서 경제 발전을 하면 처음에는 문제도 있고 불안하겠지만 결국 복지국가가 되고 다 잘될 거라는 겁니다. 그러니까 복음이라고 말씀드리는 주장입니다. 산업화가 안정될수록 불평등이 줄어들 것이라는 쿠즈네츠의 U자형 가설과 비슷합니다. 그래서 근대화 이론가들이 추종하게 됩니다.

쿠즈네츠가 / 정말 맞을까

쿠즈네츠 U자형 가설이 정말 맞는지 보겠습니다. U자형 가설은 쿠즈네츠가 1955년에 발표한 것이므로 도표도 1955년에서 끝납니다. 지니계수로 나타내는데, 지니계수가 높을수록 불평등하다는 의미입니다. 쿠즈네츠는 미국 국세청에 세금을 납부한 자료를 바탕으로 자료를 만들었습니다. 피케티처럼 계량적 데이터를 사용해서 결론을 이끌어낸 것이죠. 미국 국세청 자료를 바탕으로 1900년대 초반부터 수십 년간의 자료를 통해서 U자형 가설을 만들었습니다.

쿠즈네츠의 U자형 가설에 대해 피케티는 어떤 비판을 내놓겠습니까? 우리나라도 1965년이면 산업화 이전입니다. 이때는 지니계수가 0.33 부근입니다. 그래서 기본적으로 평등한 수준이라고 합니다. 하지만 박정희 시대가 열리면서 경제개발 5개년 계획이니 새마을운동이니

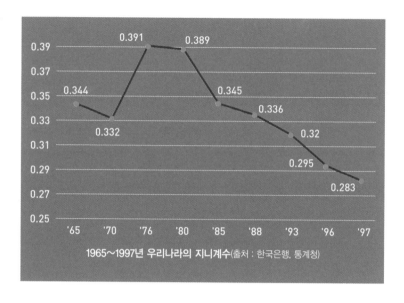

1965~1997년 우리나라의 지니계수(출처 : 한국은행, 통계청)

하면서 빈부 격차가 심해지다가 점점 빈부 격차가 완화된 것으로 나타납니다. 그러면 우리나라도 쿠즈네츠 U자형 가설이 맞는 것처럼 보일 수도 있습니다.

그런데 1955년을 지나면 다시 빈부 격차가 심해집니다. 1955년 이전은 맞지만 이후는 틀립니다. 이 때문에 피케티는 기간이 너무 한정되었다고 비판했습니다. 50년 정도 축적된 자료만 가지고는 결론을 내릴 수 없다는 겁니다. 또한 자료가 미국에만 한정되어 있기도 합니다. 이처럼 자료의 시간적·공간적 한계를 피케티는 비판합니다.

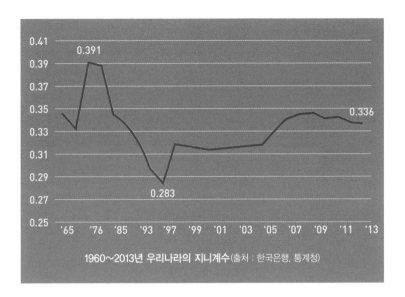

1960~2013년 우리나라의 지니계수(출처 : 한국은행, 통계청)

미국의 소득 불평등(출처 : 『21세기 자본』)

쿠즈네츠가 정말 맞을까

그러면 피케티는 어떻게 하면 되겠습니까? 3세기에 걸쳐 전 세계 20개국의 자료를 조사합니다. 우리나라도 마찬가지로 1990년대 초까지만 보면 쿠즈네츠가 맞는 것 같은데, 그 이후로 IMF가 터지고 금융위기가 닥치면서 빈부 격차가 더 심해지고 있지 않습니까? 그래서 피케티는 쿠즈네츠의 계량적 방법은 받아들이지만, 자료의 한계를 뛰어넘는 연구와 노력을 한 겁니다.

쿠즈네츠는 산업화 초기에는 소수만 부유해지다가 산업 부문 간의 평화로운 이동으로 전부 산업화가 이루어지면 전체가 부유해지는 결과를 가져왔다고 했습니다. 그리고 이런 내용이 근대화 이론가들의 주장을 뒷받침하는 근거로 사용되기도 했습니다. 근대화 이론은 우파의 이데올로기입니다. 공산주의 확산을 막기 위해 이용된 측면이 있습니다. 그래서 피케티는 쿠즈네츠의 가설이 너무 이데올로기적이라고 비교하는 겁니다. 냉전시대 이념에 치우쳤다는 거죠.

그런데 사실 쿠즈네츠가 이 부분에 있어서는 굉장히 섭섭할 겁니다. 쿠즈네츠는 러시아 출신이지만 미국으로 귀화했기 때문에 반공주의가 상당히 강했을 겁니다. 탈북한 사람들이 그런 것처럼 쿠즈네츠도 공산주의에 대한 거부감이 컸을 겁니다. 그래서 서구만 따르면 다 행복해질 것이라는 근대화 이론에 어느 정도 동조한 것은 아닐까 생각할 수 있습니다.

더 중요한 건 지금부터입니다. 어쨌든 미국이 U자형으로 간 건 맞습니다. 쿠즈네츠가 뭐라고 했습니까? '산업 부문 간의 평화로운 이동', 이 부분을 정확하게 보자는 겁니다.

산업혁명이 제일 먼저 일어난 곳은 영국입니다. 그런데 왜 영국일까요? 여러 가지 이론이 있습니다만, 저는 과학기술자들이 주장한 내용이 가장 신빙성이 있다고 봅니다. 산업혁명에서 제일 중요한 것은 증기기관입니다. 과학기술자들은 영국의 비싼 임금이 증기기관을 만들고 산업혁명을 일으켰다고 주장합니다.

비싼 임금과 산업혁명은 어떤 관계일까요? 석탄을 캐는 데 노동력이 비싼 겁니다. 석탄을 캐면 가장 큰 문제가 석탄을 캐낸 공간에 물이 차는 겁니다. 이 물을 빼내야 하는데, 인건비가 비싸서 사람을 쓸 수가 없습니다. 그래서 물을 퍼올릴 방법을 궁리하다 보니까 증기기관이 나오는 겁니다.

어쨌든 증기기관이 비싼 노동력을 대체하니까 석탄을 더 많이 캘 수 있게 됩니다. 그러면 처음에는 석탄 캐는 회사의 사장만 부유해집니다. 그러다가 증기기관 기차가 나오면서 철도업자와 운송업자가 부유해지고, 그다음 방직산업에 이용되어 섬유사업자가 부유해집니다. 이게 쿠즈네츠가 말하는 '산업 부문 간의 평화로운 이동'입니다. 이게 산업화가 진행될수록 평등해진다는 쿠즈네츠 이론의 핵심입니다.

그리고 이 핵심에 대한 피케티의 통렬한 비판이 나오는 겁니다. 자료의 한계, 이념의 한계도 비판했지만 피케티의 핵심은 바로 이겁니다. 평등해지는 것이 산업 부문 간의 평화로운 이동 때문이 아니라 두 번에 걸친 세계대전 때문이라고 피케티는 말합니다. 영국에서 산업혁명이 일어나면서 빈부 격차가 심화됩니다. 이건 어느 나라나 다 마찬가지입니다. 다만 미국만 예외적 현상이라는 겁니다. 그런데 이런 예외적 현상이 생기는 것은 쿠즈네츠의 생각대로 산업 부문 간의 평화로운 이동 때문이 아니라 전쟁 때문이라고 비판합니다.

전쟁이 일어나면 왜 평등해질까요? 자본수익률과 경제성장률이 있습니다. 마르크스적으로 표현하면 자본수익률은 죽은 노동이고, 경제성장률은 산 노동입니다. 자본수익률은 마르크스의 논리로 따지면 자본입니다. 마르크스가 한 유명한 말이 있습니다. "자본주의는 죽은 노동이 산 노동을 지배하는 것이다." 여기서 마르크스가 생각하는 죽은 노동은 생산수단입니다. 산 노동은 내가 직접 하는 노동이고요. 경제성장률은 우리의 노동으로 이룬 성과, 자본수익률은 불로소득이라는 겁니다. 그런데 피케티는 경제성장률이 자본수익률을 넘지 못한다고 했습니다. 노동소득이 불로소득을 못 이기는 거죠. 그래서 피케티는 결국 도덕의 문제를 이야기하면서 이런 상황이 정의롭지 못하다는 주장을 한 겁니다. 자본수익률을 또 다른 말로 바꾸면 상속받은 재산입니다. 축적된 재산이죠. 그런데 전쟁이 일어나면 이 축적된 재산이 한 방에 날아가버리는 겁니다.

〈강남 1970〉이라는 영화가 있습니다. 당시의 강남은 허허벌판이었습니다. 지금의 강남은 빌딩 숲입니다. 1970년에 강남의 부는 전부 농사지어서 노동으로 얻는 부였습니다. 그런데 지금 강남의 부는 노동으로 얻는 부인가요? 아니죠. 빌딩으로부터 나오는 부, 이건 다 상속된 겁니다. 피케티는 이게 불평등하다는 겁니다. 그런데 전쟁은 이런 불평등을 한 방에 해결합니다. 이게 전쟁의 경제학적 역할입니다.

또 다른 역할은 하이퍼인플레이션입니다. 전쟁이 일어나면 전시 물자에 대한 수요가 엄청나게 늘어납니다. 수요가 늘면 당연히 물가도 엄청 올라갑니다. 그래서 모든 부채를 없애버립니다. 전쟁이 터지면 가계 부채, 기업 부채, 정부 부채 문제가 다 해결됩니다. 부채라는 건 이자를 주어야 하는 돈입니다. 이자가 바로 불로소득입니다. 전쟁이 일어나면 부채가 소멸한다는 의미는 하이퍼인플레이션이 발생하니까 빚이 있어도 갚아야 할 돈이 얼마 안 되는 겁니다. 이건 피케티의 생각이 아니라 제 생각입니다. 물론 피케티도 알겠지만. 이런 점에서 전쟁은 빈부 격차를 한 방에 해결합니다. 그렇다고 전쟁이 일어나야 한다고 생각하면 안 됩니다.

어쨌든 피케티는 다시 평등해지는 원인이 전쟁이라고 본 겁니다. 두 차례의 세계대전으로 축적된 재산이 다 없어졌습니다. 강남이 다시 허허벌판이 된 거죠. 그러면 이제 일을 해야죠? 그 결과 노동으로 인한 부가 전체의 부가 되고, 경제성장률이 자본성장률을 앞지를 수 있는 기회가 되는 겁니다. 여기까지 이해했다면 피케티에 대한 공부가 끝난 겁니다.

쿠즈네츠 이론의 핵심은 '성장하자'입니다. 성장하면 불평등의 문제가 해결된다는 겁니다. 불평등은 무슨 영역입니까? 정치·사회적 영역입니다. 그런데 이걸 해결하는 것은 경제입니다. 그래서 쿠즈네츠의 핵심 주장은 경제가 모든 것을 해결한다는 겁니다. 경제 중에서도 특히 성장 이데올로기라고 할 수 있습니다.

반면에 피케티는 정치·사회적 문제인 불평등을 어떻게 해결하자고 합니까? 글로벌 자본세, 누진세로 해결하자고 합니다. 정치·사회적으로 해결하자는 겁니다. 그러니까 피케티는 쿠즈네츠에게 경제학적으로만 해결하려 한다는 비판을 하는 겁니다. 정치 문제를 정치로 해결하지 않고 경제적으로 해결하려 한다는 것이 쿠즈네츠에 대한 피케티의 비판입니다.

그런데 마지막으로 쿠즈네츠를 변명하자면, 쿠즈네츠는 자신의 논문 마지막에 이렇게 썼습니다. "이 영역에서의 효율적인 일은 전환이 요구된다. 경제학적 시장에서부터 정치와 사회·경제학적으로." 피케티가 틀렸다고 하는 것이 아니라 쿠즈네츠도 이런 이야기를 했다는 걸 말씀드리는 겁니다. 쿠즈네츠도 불평등의 문제를 반드시 경제에 국한하지 않고 사회적, 정치적 문제로도 봐야 한다고 했습니다. 이게 쿠즈네츠의 핵심적인 주장입니다.

쿠즈네츠 U자형 가설을 정치적으로 보겠습니다. 불평등이 커지면 상대적 소득 지위에 대해서 문제의식이 생깁니다. 불평등이 확대되면 기분이 나빠집니다. 마르크스는 시궁창에서 고개를 들어 아름다운 성을 보았을 때 혁명이 일어난다고 했습니다. 이 말은 절대적 빈곤은 혁명을 일으키지 못한다는 겁니다. 절대적 빈곤 상황에서는 모두가 가난하기 때문에 혁명이 일어날 수 없습니다. 그런데 고개를 들어 아름다운 성, 나보다 부유한 사람들을 보았을 때 혁명이 일어난다는 겁니다.

상대적 소득 지위에 대한 문제의식이 생기면 가만히 있겠습니까? 노조를 만들어서 권리를 요구할 겁니다. 그런데 노조보다 중요한 것이 민주주의가 있다는 겁니다. 정치인이 유권자들의 요구에 민감해지고, 받아들일 수밖에 없다는 겁니다. 그래서 소득 재분배 정책을 입법해서 불평등이 완화될 거라는 논리를 세웁니다.

이는 꼭 쿠즈네츠의 논리가 아니라 흔히 접하는 논리이고, 분명히 맞는 측면이 있습니다. 그런데 저는 이것도 일반적인 측면은 아니라고 봅니다. 아주 간단합니다. 1억 원을 가진 부자가 있다고 생각해봅시다. 불평등이 점점 심해져서 이제는 100억, 1000억을 가지게 되었습니다. 힘이 더 세진 부자는 전형적인 미국의 방식으로 로비스트를 동원해서 각종 입법 로비를 할 수 있게 됩니다. 마카다미아 땅콩은 까서 줘야 한다, 안 까주면 해고다, 비행기가 17미터 회항한다 하면서 특권적인 법도 나올 수 있는 겁니다. 민주주의 사회의 보통선거가 모든 사람들의 요구를 수용해주지는 않는다는 것입니다.

또 저소득층의 정치 참여가 제한된 국가에서는 평등화가 이루어지기 어렵습니다. 민주국가가 아닌 국가에서는 보통선거가 이루어지기 어렵기 때문에 불평등을 해결하기 어렵습니다. 하지만 쿠즈네츠도 불평등의 문제를 단순한 경제의 문제가 아니라 정치·사회적 문제로도 보았다는 점에서 오히려 피케티의 선배가 아닐까 하는 생각이 듭니다.

'경제성장률은 결코 자본수익률을 뛰어넘지 못한다.'
이 말의 의미는 이렇습니다.
경제 성장은 노동을 통해서 얻어지는 겁니다.
자본수익은 쉽게 말하면 불로소득입니다.
그러면 노동소득보다 불로소득이 많았다는 겁니다.
이 말은 결국 빈부 격차가 심화되었다는 것이고,
따라서 부의 불평등이 심화되었다는 것을 의미합니다.

마르크스는 시궁창에서 고개를 들어
아름다운 성을 보았을 때
혁명이 일어난다고 했습니다.
이 말은 절대적 빈곤은
혁명을 일으키지 못한다는 겁니다.
절대적 빈곤 상황에서는
모두가 가난하기 때문에
혁명이 일어날 수 없습니다.
그런데 고개를 들어 아름다운 성,
나보다 부유한 사람들을 보았을 때
혁명이 일어난다는 겁니다.

피케티는 정치·사회적 문제인
평등을 어떻게 해결하자고 합니까?
글로벌 자본세, 누진세로
해결하자고 합니다.
정치·사회적으로
해결하자는 겁니다.

마르크스보다
크다

5장 미리 보기

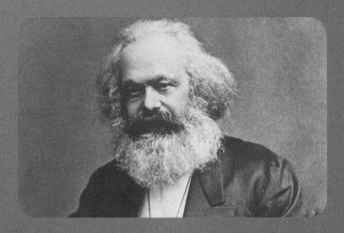

카를 마르크스

―

"세상은 점점 불평등해질 것이다."
그래서 혁명은 반드시 일어날 수밖에 없다?

마르크스가 놓친 것은 무엇일까?

상황은 언제든지 변할 수 있다.

지금까지는 불평등이 이겨왔을 뿐.
앞으로 누가 이길지는 아무도 모른다.
하지만……

마르크스,
혁명은
필연적이다

19세기 이후 최고 부자들

1. 존 D. 록펠러 3400억 달러

2. 앤드류 카네기 3100억 달러

3. 헨리 포드 1990억 달러

4. 코넬리어스 밴더빌트 1850억 달러

5. 빌 게이츠 1360억 달러

6. 존 애스터 1210억 달러

7. 프레더릭 와이어하우저 800억 달러

8. 카를로스 슬림 680억 달러

9. 마셜 필드 660억 달러

10. 샘 월튼 650억 달러

마르크스 하면 항상 태어난 해와 죽은 해를 기억해야 합니다. '18 18 18'이라고 하는데, 욕을 하는 게 아니라 1818년에 태어나서 1883년에 죽었습니다. 19세기를 거의 다 살았죠. 19세기가 중요한 건 이 시기가 정말 화려한 시기였기 때문입니다. 이 당시에 엄청난 부자들이 나옵니다. 19세기 이후 최고 부자들을 보면 익숙한 이름들이 눈에 들어옵니다. 빌 게이츠, 멕시코 최고 부자 카를로스 슬림 등.

1위부터 4위 안에 든 부자들이 지금까지도 그 부를 갖고 있다면 물가상승률을 고려할 때 어마어마한 자산가가 되어 있을 겁니다. 록펠러, 카네기, 헨리 포드 등이 지금까지 살아 있다면 빌 게이츠는 완전히 중산층이라는 겁니다. 그만큼 마르크스가 살았던 19세기의 부자들이 더 부유했다는 겁니다. 그리고 말할 것도 없이 19세기에 살던 사람들이 훨씬 더 가난했습니다.

프랑스에서는 1841년에 8세 미만의 아동 노동을 금지한 법이 생겼습니다. 당시에는 6~7세 아이들도 공장에서 일하던 시절입니다. 영국에서는 1842년에 10세 이상만 노동이 가능하게 법을 만들었습니다. 그런 시절입니다. 마르크스의 절친인 엥겔스가 쓴 책이 『영국 노동자 계급의 현실』이었습니다. 왜 아이들을 부렸을까요? 우선 임금이 싸기 때문입니다. 거기다가 석탄 캐는 작업을 해야 하는데, 굴을 크게 뚫으려면 돈이 많이 들어갑니다. 그런데 어린아이들은 체구가 작으니까 굴을 작게 뚫어도 되죠. 그래서 어린아이들을 고용해서 굴에 들여보냈습니다. 그리고 이 아이들이 16시간 노동은 기본이고, 어른이 아이들이 노동하는 걸 감시하고 그럽니다. 영국만이 아니라 거의 모든 나라가 그랬던 시기입니다.

그런데 재미있는 게 엥겔스가 영국 노동자 계급의 현실을 책으로 쓰면서 노동자 계급의 절규를 절절히 써내려갈 때 사용한 만년필이 몽블랑입니다. 사실 엥겔스는 큰 부자였습니다. 그래서 친구인 마르크스를 후원했고, 그 덕에 마르크스가 『자본론』을 쓸 수 있었습니다. 부자로 사는 것이 나쁜 일은 아니잖아요.

어쨌든 지금 중요한 건 피케티가 본 마르크스입니다. 마르크스의 입장에서 보면 혁명이 일어나는 것은 당연한 결과입니다. 마르크

영국의 수입 불평등 1

연도	상위 10%의 수입 점유율	지니계수
1823	47.51%	0.400
1830	49.95%	0.451
1871	62.29%	0.627

스가 살던 시대의 지니계수를 보세요.

보통 빈부 격차를 이야기할 때 지니계수가 0.4 이상이면 심각하다고 봅니다. 영국의 지니계수가 1823년에 0.4이고, 1830년에는 0.451입니다. 그리고 마르크스가 『자본론』을 쓸 때는 0.627입니다. 지금으로 치면 태국에서 태어나 중국으로 가서 살다가 남아프리카공화국으로 간 겁니다. 이 추세대로라면 프롤레타리아 혁명을 이야기하는 것이 당연합니다. 이대로 가면 1900년대에는 지니계수가 0.75쯤 될 겁니다. 1910년이면 0.9 정도 될 겁니다. 이렇게 불평등이 커진 사회에서 혁명이 안 일어나는 게 이상하지 않겠습니까?

상황은
얼마든지
변할 수 있다

피케티에 따르면 마르크스가 살던 영국에서 마르크스처럼 생각하는 건 당연하다는 겁니다. 쿠즈네츠가 본 미국이 당연하듯이 마르크스가 본 영국도 당연히 혁명이 일어나야 한다는 거죠.

마르크스는 1848년에 엥겔스와 함께 『공산당 선언』을 썼습니다. 프랑스 2월 혁명을 보고 혁명을 직감한 마르크스와 엥겔스가 쓰는 겁니다. 그리고 1867년에 드디어 『자본론』 1권을 출간합니다. 2권과 3권은 엥겔스가 마르크스가 죽은 후 그의 유고를 정리해서 출판한 것입니다.

자, 그런데 앞의 표를 1871년 이후로 확장해서 보면 지니계수가 확 낮아집니다. 마르크스가 살았던 시절에는 불평등이 점점 심해졌

영국의 수입 불평등 2		
연도	상위 10%의 수입 점유율	지니계수
1823	47.51%	0.400
1830	49.95%	0.451
1871	62.29%	0.627
1891	57.70%	0.550
1901	47.41%	0.443
1911	36.43%	0.328
1951	36.46%	0.333

기 때문에 당연히 혁명이 일어나야죠. 노동자는 더 가난해질 것이고 자본가는 더 부유해질 것이니까 혁명이 일어날 수밖에 없다고 생각할 수 있는데, 실제로는 그러지 않았다는 겁니다.

그래서 피케티가 말하고 싶은 첫 번째는 19세기 말에 노동자의 구매력 확산이 발생했다는 겁니다. 이 당시가 바로 벨 에포크belle époque, 참 좋았던 시절입니다. 실제로 노동자들의 삶이 향상됩니다. 노동자들이 먹고살 만해집니다. 상대적 빈곤도 완화되지만, 절대적 빈곤이 해결되는 것 역시 굉장히 중요한 문제인데, 19세기 말에 이 절대적 빈곤의 문제가 어느 정도 해결되기 시작했습니다.

상황은 얼마든지 변할 수 있다

두 번째 비판으로 마르크스는 지속적인 기술 진보와 꾸준한 생산성 향상의 가능성을 완전히 무시했다는 겁니다. 생산성이 향상돼서 노동자들도 먹고살 만해질 가능성을 배제했다는 것이 피케티의 주장입니다.

마르크스가 이럴 수밖에 없었던 것은 먼저 통계 자료를 안 썼기 때문입니다. 통계 자료가 부족했다는 거죠. 저는 사회학을 전공했는데, 사회학에서도 진보적인 학자가 있고, 보수적인, 주로 미국에서 공부한 주류 사회학자들이 있습니다. 이 주류 사회학자들이 가장 강조하는 것이 사회통계입니다. 그런데 비주류 사회학자 중에는 사회통계를 전공한 사람이 거의 없습니다. 그만큼 사회를 바라보는 시각이 다릅니다.

피케티는 마르크스가 『공산당 선언』을 쓰면서 이미 결론을 내렸다는 겁니다. "유럽에는 공산주의라는 유령이 떠돌고 있다"라는 명문장으로 시작해서 "만국의 노동자여 단결하라. 너희가 잃을 것은 오로지 쇠사슬이요, 너희가 얻을 것은 전 세계다"로 끝납니다. 이처럼 『공산당 선언』에서 처음과 끝의 명제가 이미 주어졌기 때문에 마르크스는 혁명이 일어나느냐 마느냐 하는 고민은 없었다고 본 겁니다. 혁명이 일어날 것이라고 보았던 거죠. 그래서 과학의 영역을 벗어나서 정치가가 되어버렸다고 이야기하는 겁니다. 쿠즈네츠에 대한 비판과 똑같습니다.

쿠즈네츠는 우파의 논리, 마르크스는 좌파의 논리를 가진 정치가였다고 합니다. 심지어 마르크스는 "나의 이론이 지금까지 나온 모든 이론과 다른 점은, 나머지 모든 이론이 세계를 설명하고자 했다면 나의 이론은 세계를 변화시키려는 것이다"라고까지 했습니다. 멋있기는 하지만 과학자 입장에서 볼 때는 대단히 비과학적인 말이란 거죠.

그러면 마르크스도 변명을 해야겠죠. 마르크스주의자가 있습니다. 그래서 피케티를 보면 첫 번째 비판, 노동자의 구매력 확산에 대해서는 이렇게 말할 수 있습니다. 당시 프랑스는 벨 에포크 시대였는데, 이 시기가 사실은 제국주의의 전성기였습니다. 그러니까 수탈을 통해서 경제 발전과 평등을 이루었다고 할 수 있습니다. 또 마르크스만 혁명을 주장하고 끝난 것이 아니라 뒤에 레닌, 트로츠키가 나와서 혁명을 주장했습니다. 트로츠키는 일국 혁명론은 환상이고, 세계 혁명만이 유일한 답이라고 말합니다. 이 시대가 제국주의의 시대이기 때문이죠.

마르크스가 생산성 향상의 가능성을 무시했다는 비판에 대해서

상황은 얼마든지 변할 수 있다

는 이렇게 반론할 수 있습니다. 마르크스는 역사적 사적 유물론을 통해서 인류 역사 발전 5단계설을 제시했고, '풍차는 봉건주의를 낳고, 증기기관은 자본주의를 낳는다'라는 말로 압축된 생산성 향상에 대한 믿음을 버리지 않은 사람이라고 할 겁니다.

또 절대 잉여가치만 말한 게 아니라 상대 잉여가치도 말했습니다. 절대 잉여가치는 노동 시간을 연장해서 착취하는 것이고, 상대 잉여가치는 노동 시간을 연장하지 않고서도 생산요소 투입을 늘려서 생산성을 향상시켜 착취하는 것입니다. 마르크스가 이미 절대 잉여가치와 상대 잉여가치 모두를 이야기했다는 겁니다.

미국의 소득 불평등(출처 : 『21세기 자본』)

통계 자료가 부족했다는 피케티의 비판에 대해서 마르크스주의자는 이렇게 말할 겁니다. '진짜 사회과학자라면 사물을 통찰하는 힘이 중요하지, 자료를 일일이 다 해석한다고 답이 나오지 않는다'라고 말이죠.

1848년 이전에 결론을 도출했다는 비판에 대해서는 초기 마르크스와 후기 마르크스로 나누어 보는 것이 옳다고 할 겁니다. 초기 마르크스는 휴머니즘적 마르크스지만, 후기는 진정한 마르크스가 아닌 경제결정론자, 구조주의자로서의 마르크스라고 하는 겁니다. 정통 마르크스주의자라면 이렇게 변명할 겁니다.

그러면 이제 진짜 마르크스에 대한 피케티의 비판을 보겠습니다. 마르크스가 살던 시기는 빈부 격차가 급격하게 심해질 때였습니다. 그래서 그는 앞으로도 빈부 격차가 더욱 심해질 것이라는 결론을 도출했습니다. 그런데 쿠즈네츠는 빈부 격차가 완화된다고 했습니다. 그리고 피케티는 빈부 격차가 심화될 것으로 예상했습니다. 그러면 쿠즈네츠는 완화된다고 했으니까 잘못된 겁니다. 그런데 마르크스는 빈부 격차가 심화된다고 했는데, 뭐가 잘못됐기에 피케티가 비판한 걸까요?

마르크스는 빈부 격차가 심화된다고 했지만 이건 경제결정론이라는 겁니다. 경제결정론이란 빈부 격차가 심화되면 앞으로도 계속 심화될 것이라고 생각하는 겁니다. 피케티는 그렇게 생각하지 않습니다. 완화와 심화가 반복되면서 곡선으로 변해간다는 겁니다. 그리고 앞으로는 어떻게 될지 모른다는 겁니다. 이전까지는 빈부 격차가 심해지기도 하고 완화되기도 하면서 전체적으로 심화되어왔지만, 앞으로 어떻게 될지는 알 수 없다는 것입니다. 이와 달리 마르크스는 빈부 격차가 계속 심화되어왔고, 앞으로도 더 심화될 것이라고 생각했는데, 이게 바로 경제결정론입니다.

마르크스를 비판하는 피케티의 가장 핵심적인 내용은 마르크스가 1848년의 상황을 바탕으로 결론을 내렸다는 겁니다. 프롤레타리아 혁명은 무조건 일어나게 되어 있다는 겁니다. 그게 잘못되었다는 겁니다. 피케티는 경제결정론자가 아니라 구조주의자입니다. 그리고 『21세기 자본』에서 마르크스를 논하면서 구조주의에 대해 언급합니다.

구조주의를 다시 보면, 이번에는 마이크 타이슨과 파퀴아오입니다. 두 사람이 경기를 하면 누가 이길까요? 타이슨은 헤비급입니다. 거기에 '핵이빨'까지 있습니다. 무조건 타이슨이 이긴다는 것이 경제 결정론입니다. 반면 구조주의는 붙어봐야 안다는 거죠. 타이슨이 유리하지만 결과는 붙어봐야 안다는 겁니다. 지금 싸우면 파퀴아오가 이길지도 모릅니다.

타이슨이 대단한 선수였고, 체급도 한참 위지만 1966년생입니다. 50세가 넘었으니 운동선수로는 할아버지죠. 운동을 안 한 지도 한참 됐을 겁니다. 반면에 파퀴아오는 지금도 열심히 운동을 하고 있습니다. 그래서 결과를 모른다는 거죠. 리치가 짧은 선수와 긴 선수가 시합을 하면 누가 이깁니까? 모르는 겁니다. 리치가 짧으면 빠르게 파고들어서 어퍼컷이나 혹으로 승부를 할 겁니다. 리치가 길면 상대 선수에게서 조금 떨어져서 잽을 던질 겁니다. 그런데 왜 리치가 긴 선수가 반드시 이긴다고 생각하느냐는 게 구조주의자입니다. 결과는 봐야 안다는 것입니다.

구조는 링과 틀만 주어졌습니다. 그래서 "불안정하고 불평등한 힘이 지속적으로 승리하는 것을 막는 자연적이고 자생적인 과정은 없다"라고 피케티는 썼습니다. 한마디로 말하면 불평등이 계속 이길 것이라는 게 마르크스주의자라 이겁니다. 그런데 피케티는 불평등이 계속 이긴다는 보장은 없다는 겁니다. 우리나라가 브라질과 축구를 하면 누가 이기겠습니까? 브라질이 이기겠죠. 그런데 브라질이 계속 이긴다는 보장이 있습니까? 나중에는 어떻게 될지 모르는 겁니다. 아니면 우리가 돈을 많이 벌어서 브라질 선수들을 모두 귀화시킬 수도 있고요. 이와 마찬가지로 불평등이 계속 이길지는 알 수 없다는 겁니다. 마르크스는 평균이윤율 저하 경향이나 노동자 빈곤화 테제로 인해 사회주의 혁명이 일어날 것이고, 자본주의는 필연적으로 망한다고 했지만, 피케티는 그렇지는 않다고 말합니다. 그러니까 피케티는 진짜 마르크스주의자가 아닙니다.

평등과
불평등,
누가
이길까

피케티는 구조에는 평등편이 있고 불평등편이 있다고 주장했습니다. 구조는 이 둘이 링 위에 올라왔고 지금까지는 불평등 선수가 이겨왔을 뿐이라고 보는 겁니다. 그런데 앞으로는 누가 이길지 모른다는 겁니다. 불평등과 평등 중에 누가 이길지는 모르지만 피케티는 앞으로도 불평등이 이길 것 같다고 하는 겁니다.

먼저 평등이 이길 수 있다고 보는 근거로 피케티는 두 가지를 제시합니다. 첫 번째는 지식의 확산입니다. 지식이 확산되면 왜 평등해질까요? 지금도 세계 평등의 근거, 앞으로 인류가 평등해질 것이라는 주장의 가장 대표적인 근거가 지식의 확산입니다. 예를 들어 자동차 기술의 격차를 보면, 일본이 미국을 쫓아가는 데 50년이 걸렸고, 우리가 일본을 쫓아가는 데 30년이 걸렸습니다. 그리고 중국이 우리를 쫓아오는 데는 10년이면 됩니다. 지식의 확산이란 이런 겁니다. 지식의 확산으로 선진국과 후발국의 기술 격차를 좁히는 데 걸리는 시간이 점점 줄어든다는 거죠.

두 번째로 피케티가 제시하는 것은 기술과 훈련에 대한 투자입니다. 피케티는 이 두 번째가 더 중요하다고 생각합니다. 지금 우리나라에는 여러 가지 사회적 문제들이 있습니다. 그중에서도 중요한 문제가 청년실업입니다. 20대 때 기술과 훈련에 대한 투자를 받지 못한 사람들은 30대, 40대에도 안정된 직업을 가지지 못합니다. 우리는 아직 그 세대를 못 만났지만 일본에서는 벌써 등장했습니다. 50대임에도 할 수 있는 일이 편의점 아르바이트 정도입니다. 20대부터 기술과 훈련을 축적해오지 못했기 때문에 그렇습니다. 우리나라에서도 이런 세대들이 나올 겁니다. 청년들에 대한 기술과 훈련이 이루어지지 않았기 때문에 이들이 50대가 되었을 때 할 수 있는 일이 거의 없습니다. 그러면 사회는 점점 불평등해질 수밖에 없습니다. 이 때문에 피케티는 평등해지기 위해서는 기술과 훈련에 대한 투자가 중요하다고 생각했습니다.

그다음 불평등편에는 어떤 것들이 있을까요? 먼저 피케티는 고

소득자가 격차를 벌릴 힘을 갖는 경우에 대해서 말했습니다. 고소득자는 더 많은 소득을 올릴 뿐만 아니라 힘까지 갖게 됩니다. 그리고 그 힘으로 소득 격차를 더 벌리게 됩니다.

피케티는 더 흥미로운 지적을 합니다. 성장이 미약하고 자본수익률이 높을 때 불평등이 커진다는 것입니다. 경제 성장이 낮은 상태입니다. 노동의 힘에 의해 버는 소득보다 축적된 자산을 이용해 버는 소득이 많아지는 경우입니다. 한번 생각해보세요. 경제가 고도성장을 하고 있습니다. 우리나라의 고도성장기를 떠올려보면 됩니다. 1988년,

용어 탐구

누진세
Progressive Tax

소득이 많을수록 높은 세율을 적용하는 제도. 피케티가 『21세기 자본』에서 글로벌 자본세와 누진세를 불평등 해소의 대안으로 제시하여 화제가 되었다.

용어 탐구

글로벌 자본세
Global Capital Tax

피케티가 자본수익률을 낮추기 위한 방안으로 제시했다. 세계 어느 나라에 재산이 있든지 동일한 세율로 과세하자는 것이다.

1989년에 연평균 성장률이 12퍼센트, 13퍼센트를 기록할 때가 있었습니다. 그때 공사장에서 하루 일당이 5만~6만 원이었습니다. 지금하고 큰 차이가 없습니다. 물가 상승을 생각하면 노동의 가치가 높았던 때라고 할 수 있습니다. 하지만 노동의 가치가 떨어지고 자본의 가치가 올라가면 불평등해진다는 겁니다.

이렇게 불평등편으로 두 가지를 제시하는데, 그중에서도 피케티는 두 번째가 불평등의 근본 요인이라고 지적합니다. 그래서 'r > g(자본수익률〉경제성장률)'이라는 공식이 나오게 됩니다. 이런 경우 결정적으로 불평등이 심화된다는 겁니다.

그러면 평등편과 불평등편이 있고 이 두 선수가 링 위에 올라왔는데 왜 피케티는 불평등이 이길 것이라고 예측했을까요? 바로 인구 노령화 때문입니다. 불평등이 리치도 길고 힘도 세다는 겁니다. 그래도 평등이 이길 수 있는 요인도 있지만 세계적인 인구 노령화로 인해 쉽지 않을 것이라고 보았습니다. 평등편 두 가지로는 불평등을 이길 수 없기 때문에 그 대안으로 피케티가 주장한 것이 자본세와 누진세입니다. 그런데 한 나라만 누진적 자본세를 부과하면 안 되겠죠? 그 나라만 피하면 되니까요. 그래서 모든 나라가 똑같이 자본에 누진적 세금을 부과하는 글로벌 자본세를 도입해야 한다고 주장한 겁니다.

불평등이 계속 이기면 안 되잖아요.

"어떤 이들은 불평등이 언제나 커지고 있으며 따라서 세상이 언제나 더 정의롭지 않게 되어간다고 믿는다." 이떤 이들이란 누굴 말하는 겁니까? 마르크스주의자입니다. "다른 이들은 불평등이 자연히 줄어들고 있다거나 자동적으로 조화가 이루어진다고 믿으며……." 여기서는 주류 경제학자를 가리키는 것이고요.

이처럼 피케티는 양 진영을 통렬하게 비판하고 있습니다. 서로 상대편의 지적 나태함을 꼬집으면서 자신의 게으름의 구실로 삼고 있다는 거죠. 피케티는 이들을 '귀머거리'라고 표현합니다. 피케티가 굉장히 점잖게 글을 쓴 것 같지만 그 속에는 신랄한 비판이 들어 있습니다. 피케티는 마르크스주의자도 주류 경제학자도 아닙니다. 피케티는 "완전히 과학적이지는 않더라도 적어도 체계적이고 조직적인 연구가 담당할 역할이 있다고 본다"라고 했습니다. 그리고 그걸 본인이 하고 있는 겁니다. 기존의 방법을 확장시키고 새로운 방법을 접목해서 자신의 주장을 증명하고자 하는 것이 바로 피케티입니다.

경제결정론이란 빈부 격차가 심화되면 앞으로도 계속 심화될 것이라고 생각하는 겁니다. 피케티는 그렇게 생각하지 않습니다. 완화와 심화가 반복되면서 곡선으로 변해간다는 겁니다. 그리고 앞으로는 어떻게 될지 모른다는 겁니다.

마르크스를 비판하는 피케티의 가장 핵심적인 내용은 마르크스가 1848년의 상황을 바탕으로 결론을 내렸다는 겁니다. 프롤레타리아 혁명은 무조건 일어나게 되어 있다는 겁니다. 그게 잘못되었다는 겁니다. 피케티는 경제결정론자가 아니라 구조주의자입니다.

마르크스는 평균이윤율 저하 경향이나 노동자 빈곤화 테제로 인해 사회주의 혁명이 일어날 것이고 자본주의는 필연적으로 망한다고 했지만, 피케티는 그렇지는 않다고 말합니다. 그러니까 피케티는 진짜 마르크스주의자가 아닙니다.

피케티는 구조에는 평등편이 있고 불평등편이 있다고 주장했습니다. 구조는 이 둘이 링 위에 올라왔고 지금까지는 불평등 선수가 이겨왔을 뿐이라고 보는 겁니다. 그런데 앞으로는 누가 이길지 모른다는 겁니다. 불평등과 평등 중에 누가 이길지는 모르지만 피케티는 앞으로도 불평등이 이길 것 같다고 하는 겁니다.

평등편과 불평등편이 있고 이 두 선수가 링 위에 올라왔는데 왜 피케티는 불평등이 이길 것이라고 예측했을까요? 바로 인구 노령화 때문입니다. 불평등이 리치도 길고 힘도 세다는 겁니다. 그래도 평등이 이길 수 있는 요인도 있지만 세계적인 인구 노령화로 인해 쉽지 않을 것이라고 보았습니다.

피케티는 "완전히 과학적이지는 않더라도 적어도 체계적이고 조직적인 연구가 담당할 역할이 있다고 본다"라고 했습니다. 그리고 그걸 본인이 하고 있는 겁니다. 기존의 방법을 확장시키고 새로운 방법을 접목해서 자신의 주장을 증명하고자 하는 것이 바로 피케티입니다.

글로벌 자본세,
분배의 재발견

경제의 본령의 분배

애덤 스미스, 『국부론』
보호무역으로 돈을 번 상인의 부를 나누자.

마르크스, 『자본론』
생산수단 공유를 통해 부르주아의 부를 나누자.

케인스, 『고용·이자 및 화폐에 관한 일반이론』
중산층을 늘리자.

CAPITAL
in the Twenty-First Century

21세기 자본

토마 피케티
THOMAS PIKETTY

장경덕 외 옮김 이강국 감수

『21세기 자본』은
올해, 아니 향후 10년 동안
가장 중요한 경제학 저서로
자리매김할 것이라고 말해도
과언이 아니다.

폴 크루그먼 프린스턴대 교수, 2008년 노벨경제학상 수상자

글항아리

경제는 성장이 아닌
분배의 문제

불평등을 해소하기 위해서는
국제 공조하의
글로벌 자본세가 필요하다.

분배를 / 이야기하다

마지막으로 피케티의 관점에서 경제학 전반을 풀어보겠습니다. 경제학의 본령, 그러니까 경제학이 진짜 해야 할 역할이 무엇인지 보겠습니다. 단순하게 수학을 통해서 형이상학적인 분석을 하는 것이 아니라 결국은 분배의 문제로 가야 합니다. 분배가 바로 경제학의 본령입니다.

용 어 탐 구

중상주의
重商主義

15~18세기 서유럽 국가들의 경제정책으로 보호무역과 해외 식민지 건설 등이 핵심 내용이다. '중상주의'라는 명칭은 1776년에 애덤 스미스가 『국부론』에서 언급하면서 널리 알려졌다.

경제학의 3대 저서라고 꼽히는 책들이 있습니다. 애덤 스미스의 『국부론』, 마르크스의 『자본론』, 케인스의 『고용·이자 및 화폐에 관한 일반이론』입니다. 이 책들을 쫓아가보면서 경제학의 본령에 대해서 생각해보겠습니다.

『국부론』의 핵심은 시장입니다. 시장에 맡기자는 거죠. 애덤 스미스가 『국부론』에서 끝까지 투쟁하는 사람들이 있습니다. 바로 중상주의자들입니다. 이 당시 중상주의자들이 보호무역을 했습니다. 관세를 통해서 가격 경쟁력을 확보하고 수많은 이익을 얻었던 독점 세력이 존재했습니다. 국제시장에서 경쟁하면 밀려날 사람들이 보호무역을 통해서 엄청난 독점 이윤을 챙길 수 있었습니다.

애덤 스미스가 분노한 것이 바로 이겁니다. 애덤 스미스는 스코틀랜드 사람입니다. 소수의 잉글랜드 독점 세력가들이 보호무역이라는 틀, 중상주의라는 명분으로 부를 독점하고 있었습니다. 그걸 깨기 위해서 시장에 맡기자고 주장했던 거죠. 『국부론』은 결국 보호무역에 의존하여 국내 시장을 독점해서 돈을 번 상인의 부를 나누자는 겁니다. 이게 애덤 스미스의 핵심입니다. 결국 『국부론』은 성장의 문제가 아니라 분배의 문제를 다룬 책입니다.

『자본론』은 명확합니다. 한 줄로 요약하면 한 줌밖에 안 되는 부르주아가 가진 부를 나누자는 겁니다. 생산수단을 공유하자는 주장은 어떻게 평등하게 분배할 것인가에 관한 문제입니다.

존 메이너드 케인스의 『고용·이자 및 화폐에 관한 일반이론』은 중산층을 늘려야 한다고 주장합니다. 극도로 잘사는 사람과 극도로 가난한 사람을 줄이고 대신 중산층을 늘리자는 겁니다. 결국 케인스의 핵심은 중상주의를 통해 거둔 정의롭지 못한 부를 나누어서 중산층을 늘리자는 것입니다. 이처럼 경제학의 핵심은 분배의 문제입니다.

글로벌
자본세가
필요한
이유

피케티는 『21세기 자본』에서 토머스 맬서스의 『인구론』과 데이비드 리카도의 『정치경제학과 조세의 원리』를 언급합니다. 두 책의 공통점은 인구 급증이 암울한 미래를 가져온다는 주장입니다. 왜 인구가 급증하면 미래가 암울해질까요? 인구가 급증하면 임금이 정체됩니다. 인

용 어 탐 구

마키아벨리즘
Machiavellism

마키아벨리가 『군주론』에서 통일 이탈리아와 강력한 국가 건설을 위해 군주는 윤리에서 벗어나더라도 동원 가능한 모든 방법을 써야 한다고 주장한 것에서 유래했다. 목적 달성을 위해 수단과 방법을 가리지 않는 것을 의미한다.

구가 늘어나면 노동력이 많아지니까 비싼 임금을 줄 필요가 없겠죠. 또 인구가 급증하면 서로 땅을 빌리려고 하기 때문에 토지 임차료가 올라갑니다. 그럼 지주는 소득이 늘어납니다. 맬서스와 리카도는 바로 이런 암울한 미래를 막고 싶었던 겁니다.

맬서스의 주장을 한마디로 요약하면 인구 억제, 과격하게 말하면 사람을 죽여서라도 인구를 억제하자는 것입니다. 예방적 억제 차원에서 결혼하지 말고 낙태하고 영아 살해가 필요하다고 합니다. 적극적 억제 차원에서 굶겨 죽이고, 전쟁해서 죽이고, 전염병으로 죽이자는 게 맬서스의 주장입니다. 이렇게만 보면 맬서스는 정말 극악무도한 인간이죠. 그런데 맬서스는 이렇게 해야만 빈곤의 악순환을 끊을 수 있다고 생각했습니다. 이게 바로 수단과 방법을 가리지 않고서라도 목적을 이루자는 마키아벨리즘입니다.

맬서스는 사탄이 아닙니다. 맬서스는 목사였습니다. 목사가 설교

용어 탐구

곡물법
Corn Law

1815년 영국에서 지주들의 이익을 보호하기 위해 외국산 소맥의 수입을 금지한 법. 1846년에 폐지되었다.

하면서 '죽여라, 죽여라' 하는 겁니다. 그래야 사람답게 살 수 있다고 생각했습니다. 인구 증가가 불평등을 낳으니까 근본 원인을 없애자고 했습니다. 우리는 맬서스의 주장만 볼 것이 아니라 그 배경까지 제대로 봐야 합니다. 그렇다고 맬서스를 따라하면 안 됩니다. 다만 맬서스의 목적을 제대로 알자는 겁니다.

맬서스는 지독한 보수주의자였습니다. 출산을 막아서 악순환의 고리를 끊자고 주장했습니다. 인구 증가를 막지 못하면 프랑스처럼 혁명이 터지고 사회가 혼란스러워지고, 결국 많은 사람들이 죽는 재앙이 닥칠 수 있다고 여겼습니다. 그렇게 되기 전에 예방주사를 맞자는 겁니다. 예방주사가 균을 몸에 집어넣는 거잖아요? 그러면 몸이 어느 정도 아프게 됩니다. 그래도 예방주사를 맞는 이유는 안 죽으려고 하는 겁니다. 불평등은 결국 혁명을 가져올 것이라고 맬서스는 우려했습니다. 그런 이유로 불평등은 나쁜 것이며 근본을 치료해야 하는데, 불평등의 근본이 바로 인구 급증이라고 본 것입니다. 그래서 죽여서라도 인구 증가를 막아야 한다는 것이 맬서스의 주장입니다.

리카도는 간단합니다. 지주의 이득이 증대하니까 세금을 매기자는 겁니다. 그 방법으로 제시한 것이 곡물법을 폐지하고 프랑스의 값싼 농산물을 수입하자는 겁니다. 지주의 이득이 증가하면 결국 지주는 자본가, 노동자와 맞서게 됩니다. 리카도는 자본주의 이전 시대에 살았던 사람입니다. 그 시대에는 자본가와 노동자가 대립하던 시대가 아니라 같은 편이었습니다. 지주 이득이 증가한다는 건 토지 임차료가 올라간다는 뜻입니다. 그러면 자본이 축적되질 않습니다. 자본 축적이 안 되면 노동자들한테도 적당한 임금을 줄 수가 없습니다. 그 결과 더 빈곤해지는 거죠. 리카도 역시 맬서스와 마찬가지로 미래를 굉장히 암울하게 보았습니다. 그래서 지주의 이득을 줄여서 자본가와 노동자들을 살리자고 했습니다. 결국 맬서스와 리카도도 똑같이 분배 이야기를 했다고 볼 수 있습니다.

우리나라는 경제와 성장이라는 단어가 늘 붙어다닙니다. 그러다 보니 경제학은 당연히 성장을 이야기하는 것이라고 생각합니다. 이것은 큰 오류입니다. 경제학의 본령은 분배를 이야기하는 겁니다. 그래야만 어떻게 건전한 사회를 만들 것인가에 대한 활발한 연구와 논의가 나올 수 있습니다. 맬서스가 '사람 죽여서라도 우리가 뭔가 해나가자'라고 한 건 아닙니다. 리카도가 비교우위를 통해서 빨리 성장하자고 주장했던 게 아닙니다.

자유무역이 이루어지는 것이 가장 이득이 된다는 점은 명백하다. 그러나 그러한 완전한 자유무역은 비록 자본의 보

다 자유롭고 동등한 분배를 야기하여 유럽의 부와 행복을
증진시키는 데 일조하겠지만, 또 한편으로는 가난한 나라
를 더욱 가난하게 만들고 그 나라의 인구마저 감소시킬 것
이 틀림없다.

_맬서스, 『인구론』

생산물은 사회의 세 계급, 즉 토지 소유자, 토지 경작에 필
요한 자재 또는 자본의 소유자, 자신의 근로로 토지를 경작
하는 노동자들 사이에 분배된다. (……) 이 분배를 규제하는
법칙을 결정하는 것은 정치경제학의 기본 문제다.

_리카도, 『정치경제학 및 과세의 원리』

위에서 보듯이 맬서스는 자유무역을 반대했습니다. 자유무역은
한편으론 가난한 나라를 더욱 가난하게 만들기 때문에 반대한다는
겁니다. 맬서스는 가난한 사람들의 편입니다.

미국의 경제학자 헨리 조지Henry George(1839~1897)는 단일세Single
Tax를 주장했습니다. 기본적으로 헨리 조지의 관점도 리카도와 같습
니다. 지주와 자본가가 대립하고, 노동자와 자본가는 같은 편으로 본
겁니다. 리카도는 토지는 한정되어 있고 인구는 계속 늘어나기 때문

글로벌 자본세가 필요한 이유

에 토지의 희소성이 점점 커질 수밖에 없다고 했습니다. 자본도 강화될 수 있지만 토지는 희소하기 때문에 힘이 더 세질 것이며, 그래서 지주에게 세금을 물리자고 하는 겁니다. 헨리 조지도 똑같은 구조로 생각했습니다.

하지만 차이가 있습니다. 리카도는 토지의 비옥도에 주목했습니다. 비옥한 토지가 중요하다는 거죠. 반면 헨리 조지는 조금 더 나아가서 비옥도보다 위치에 주목합니다. 강남이 비옥해서 땅값이 비싼 게 아니죠. 그래서 헨리 조지는 지주에게만 세금을 걷자고 주장했습니다. 왜 자본가와 노동자한테 세금을 걷느냐는 겁니다. 이게 단일세입니다.

헨리 조지는 정부의 조세 수입은 전적으로 토지세로 충당되어야 한다고 주장했습니다. 미국의 경제학자 밀턴 프리드먼Milton Friedman(1912~2006)은 헨리 조지의 단일세를 '세상에서 가장 덜 나쁜 세금'이라고 말하며 지지했습니다. 오스트리아에서 태어나 영국에서 활동한 경제학자 프리드리히 하이에크Friedrich August von Hayek(1899~1992)는 '노력과 무관한 원리에 의해 증감한 토지 가치는 환수 또는 보상해야 하며, 지대를 환수하는 것은 이 문제에 대한 논리적인 해결책이 된다'라고 했습니다. 헨리 조지가 지주에게만 세금을 걷자고 주장했다고 해서 사회주의자로 몰아붙이기도 하는데, 프리드

먼과 하이에크는 신자유주의자입니다. 그러니까 이념적으로만 볼 것이 아니라 요지는 헨리 조지의 단일세 개념이 피케티의 자본세에 영향을 주지 않았나 하는 겁니다.

피케티가 주장하는 글로벌 자본세는 모든 나라들이 공조체제를 구축해서 똑같은 세율을 적용하자는 것입니다. 나라마다 세율이 다르면 세율이 높은 나라를 피해 세율이 낮은 나라로 도망갈 수 있습니다. 또 어떤 사람이 보유하고 있는 모든 형태의 자본을 합산해서 세금을 부과하자고 주장했습니다. 이를테면 종합 토지과세, 종합 금융과세 같은 겁니다. 한 은행에 예치한 자본에만 세금을 부과하면 분산 예치해서 피할 수 있기 때문입니다. 그리고 재산이 더 많을수록 더 높은 세율을 부과하는 누진세를 주장했습니다. 그러니까 모든 자본을 종합해서 누진세율로 세금을 부과해야 하며, 이것을 모든 나라가 똑같이 적용하자는 것이 피케티가 제시한 불평등을 해소하는 방법입니다.

우리는
어떻게
할 것인가

우리나라의 한 경제연구원에서 피케티의 제안을 비판했습니다. 첫 번째, 소득 격차는 언제나 존재하는 것이 자연스러운 현상이 아니냐는 비판입니다. 피케티가 들으면 정말 어이없는 소리일 겁니다. 피케티는 소득 격차가 없어야 한다고 주장한 게 아닙니다. 당연히 존재할 수 밖에 없습니다. 그런데 문제는 그 격차가 너무 크다는 사실입니다.

두 번째, 상위 1퍼센트는 매년 바뀐다는 비판입니다. 부자들이 바뀌는데 뭐가 문제냐는 거죠. 물론 부자 순위는 바뀝니다. 예전에 우리나라에서 최고 부자는 이건희였고, 지금은 이재용입니다. 이런 식으로 바뀌는 거죠. 그리고 자본을 바라보는 시각을 문제 삼습니다. 노동도 일종의 자본이라는 겁니다. 그러면 세상에 자본이 아닌 게 어디 있겠습니까?

　마지막으로 제가 가장 놀란 건 조세정책과 관련한 비판이었습니다. '세금정책은 효율성에서'라고 말하면서 비판합니다. 그런데 우리나라 고등학교 교과서에 '세금정책은 형평성에 우선해서'라고 나와 있습니다. 또 tax competition을 고려한다고 나오는데, 조세 형평성을 말하는 겁니다. 우리나라만 세금을 높이면 다른 나라로 도망간다는 겁니다.

　그래서 피케티가 주장한 것이 글로벌 자본세입니다. 그러면 또 글로벌 자본세는 너무 유토피아적이라고 비판합니다. 가능하겠느냐는 거죠. 피케티는 바보가 아닙니다. 피케티도 가능하다고 생각하지 않았을 겁니다. 토머스 모어Thomas More(1478~1535)가 『유토피아』를 쓸 때 가능하다고 생각해서 썼겠습니까? 가능하지는 않겠지만 수많은 사람이 꿈을 꾸고, 유토피아를 향해 도전하고 방향을 제시하는 것만으로도 큰 의미가 있습니다. 피케티도 그런 목적입니다.

　그리고 여전히 이념적인 비판이 나옵니다. 피케티의 『21세기 자본』이 마르크스와 아무런 관련이 없다는 비판입니다. 마르크스주의자 하면 나오는 것이 개량과 혁명입니다. '마르크스의 혁명이 아닌 개량의 길을 갈 수는 없지'라며 비판합니다.

이 부분에 대해서 저는 이렇게 생각합니다. 개량주의가 맞습니까, 혁명주의가 맞습니까? 누구의 이론이 맞는 거죠? 둘 다 맞습니다. 만약에 지금 여러분에게 좋은 기회가 왔습니다. 이 기회를 살리면 빌딩을 살 수 있습니다. 그런데 집 한 채만 받고 만족했습니다. 올바른 선택인가요, 잘못된 선택인가요? 잘못됐죠. 빌딩을 가질 수 있는데, 집 한 채에 만족했으니까요. 이게 개량입니다. 이때는 혁명을 해야 합니다.

그런데 빌딩을 갖고 싶은데, 집 한 채밖에 가질 수 없는 상황입니다. 그러면 빌딩을 가지려고 노력해야 합니까, 집을 확보해야 합니까? 이때 혁명을 하는 건 이상주의입니다. 우선 집을 확보해야죠. 어떤 상황이냐에 따라서 결정이 달라지는 겁니다. 서유럽의 사회민주주의자들은 유토피아가 싫어서 안 하는 게 아닙니다. 현실의 과제가 복지국가라고 생각하기 때문에 복지국가를 목표로 하는 겁니다.

『21세기 자본』이 마르크스와 관련이 없으면 어떻습니까? 마르크스와 관련이 있어야 훌륭한 저자가 되는 건 아닙니다. 그런데도 이런 생각을 갖고 있기 때문에 피케티에 대해 『자본론』이란 마르크스의 말을 이용한 국제 사기꾼 같다느니, 『자본론』을 읽지도 않은 것 같다느니 하는 수준 미달의 비판이 나오는 겁니다. 『자본론』을 안 읽었으면 또 어떻습니까?

제 생각에 우리에게 필요한 건 이런 이념적인 논쟁이 아닙니다. 장하성 교수가 『21세기 자본』에 대해 비판한 적이 있습니다. '한국의 경우 경제성장률이 자본수익률을 웃돌았다'는 겁니다. 얼마든지 이렇게 반박할 수 있습니다. 통계 자료를 바탕으로 반박하고, 나중에 누구의 자료가 맞는지는 검증해봐야겠지만, 이렇게 주장한 다음 '그럼에도 불평등이 악화된 것은 기업소득이 가계소득을 앞지른 것에 있다'라고 했습니다. 따라서 피케티의 주장이 한국 사회에는 적용될 수 없지 않나 하는 비판을 할 수 있는 거죠. 저는 이 주장이 맞고 틀리고를 따지고 싶은 것이 아닙니다. 이런 것이 바로 실증적인 비판이라는 거죠. 정말 한국에서 경제성장률과 자본수익률 중에 어느 것이 더 높았는지를 따져봐야 하지 않겠습니까? 그리고 장하성 교수의 자료가 정확한 근거에 따른 것인지, 아니면 다른 방법으로 도출한 것인지를 따져봐야 합니다. 그리고 피케티의 방법으로 우리 자료를 분석했을 때에도 피케티와 같은 결론이 나오는지를 확인해야 할 것입니다.

그리고 송호근 교수가 있습니다. '기본적으로 불평등이 독립변수이고, 민주주의가 종속변수다. 그런데 자본에 대한 민주적 통제를 내세웠다. 앞뒤가 뒤바뀐 것이 아닌가'라고 했습니다. 피케티는 자본에 대한 민주주의적 통제를 이야기했습니다. 민주주의가 자본을 통제해야 한다는 것입니다. 그런데 송호근 교수는 자본이 민주주의를 결정하는 것이 아닐까라는 비판을 하는 겁니다. 생각해보면 불평등이 심한 사회는 민주주의가 없고, 평등한 사회가 민주주의가 발달한 건데, 어떻게 거꾸로 갈 수 있냐는 거죠. 독립변수와 종속변수가 바뀐 것 아니냐는 겁니다.

장하성 교수의 비판이 실증적 비판이라면 송호근 교수의 비판은 이론적 비판입니다. 앞에서 여러 차례 소개한 비판과는 얼마나 다른 수준입니까? 저는 이 책을 통해서 이런 말씀을 드리고 싶습니다. 피케티가 무조건 옳고 무조건 잘했으니까 피케티를 무조건 따르고 찬양하라는 것이 아니라, 전 세계에서 화제가 되고 논란이 된 책을 통해서 체계적이고 실증적인 분석과 비판을 해야 한다는 것입니다. 그리고 그 비판을 통해서 우리가 나아갈 방향을 제시하고, 방법을 찾도록 노력하는 것이 올바른 자세가 아닌가 생각합니다.